욕망

고전으로 생각하다

욕망

고전으로 생각하다

수유너머N 글 | 김고은 그림

너머학교

다섯 권의 고전으로 읽는 욕망

사람들은 이것 때문에 즐거워하거나 슬퍼하고, 이것 때문에 힘든 줄 모르고 열심히 노력하지만 뜻대로 되지 않아 좌절하기도 하고, 이것 때문에 너무나 행복해하다가 정반대로 괴로움에 몸부림치기도 합니다. 이것이 없다면 삶에 아무런 의욕도 생기지 않겠지만, 또한 이것 때문에 삶을 비관하기도 합니다. 자, 이것은 과연 무엇일까요?

네. 여러분이 이미 짐작한 것처럼, 바로 '욕망'입니다. 인간에게서 욕망은 떼려야 뗄 수 없는 가장 자연적인 본성입니다. 아니, 인간 자체가 욕망으로 이루어져 있다고 해도 과언이 아닐 것입니다. 여러분이 이 책을 집어 든 것도 욕망에 대해 알고픈 '욕망'에서 비롯된 행위일 테니까요. 그러기에 인간을 이해하려면 먼저 인간의 욕망부터 이해해야 한다고도 말할 수 있겠습니다. 데카르트의 말을 흉내 내서 "나는 욕망한다, 그러므로 존재한다."라고 말한다면, 너무 거창한 표현일까요?

사실 욕망이란 고대와 중세, 그리고 근대에 이르기까지 대부분의 철학자들에게 그다지 인기 있는 주제가 아니었습니다. 이성이나 진리, 정신 등에 비해 욕망은 육체적이고 동물적인 것으로 간주되었고 늘 부차적인 것으로 여겨졌습니다. 게다가 인간의 정신을 혼란스럽게 만들고 인간을 도덕적으로 타락시키는 것으로 간주되었습니다. 그런 점에서 욕망은 탐구되어야 할 학문적 대상이라기보다는 극복의 대상이었지요. 욕망 자체를 깊이 있게 연구한 철학자들을 발견하기가 쉽지 않은 것도 이런 까닭입니다.

  이 책에서 여러분에게 소개할 다섯 권의 고전들에는 욕망에 대한 각기 다른 정의와 견해가 제시되어 있습니다. 사실 욕망을 하나로 정의하기란 참으로 어렵습니다. 인간의 욕망만큼이나 욕망에 대한 생각도 다양하기 때문입니다. 또한 욕망에 대해 말한다는 것은 동시에 인간이란 어떤 존재이며, 무엇을 추구하고 있는지에 대해 말하는 것이기도 합니다. 그래서 욕망이라는 주제는 종교, 정치, 윤리, 예술 등에 관한 논의로 자연스럽게 이어질 수밖에 없습니다.

  첫 번째 글 「욕망에서 자유로워야 고통에서 벗어날까?」에서는 불교 경전 『아함경』을 통해 불교에서 바라보는 욕망을 다룹니다. 불교에서 말하는 욕망은 끝없는 '집착'으로서의 욕망입니다. 이러한 집착 때문에 인간은 고통을 겪는다는 것이지요. 따라서 고통으로부터 벗어나려면 결국 욕망으로부터 자유로워지는 것, 즉 집착을 버리는 것이 중요합니다. 이를 이른바 '해탈'이라고 말하지요. 또한 불교에서는 욕망을 생로병사라는 인간의 삶 속에서 짚어 보고 있습니다. 그렇다고 해서 불교가 단순히 '금욕주의'를 설파하려는 것은 아닙니다. 이는 석가모니의 본래 가르침과도 거리가 멀다고 이 글에서 밝히고 있습니다. 그보다는 자신의 욕망에 대한 집착에서 벗어날 때 비로소 진정한 깨달음이 찾아오고, 이를 통해 자신이 아닌 다른 존재들을 향한 진정한 자비심으로 나아가게 됨을 알려 주고 있습니다. 욕망을 없애 버리는 것에서 끝나지 않고 모든 중생들을 향한 자비의 실천, 즉 중생들과의 우정과 연대의 공동체를 만드는 것이 중요함을 강조하고 있습니다.

두 번째 글 「욕망, 그것은 모든 죄악의 근원일까?」에서는 아우구스티누스의 『고백록』을 통해 기독교에서 바라보는 욕망에 관해 이야기합니다. 불교와 마찬가지로, 기독교에서도 욕망 때문에 인간이 잘못된 생각을 하고, 잘못된 삶을 살게 된다고 비판했습니다. 하지만 아우구스티누스는 욕망 자체보다 욕망 안에 담겨 있는 인간의 의지에 주목했습니다. 인간 안에 있는 의지야말로 욕망을 잘못된 방향으로 이끄는 주범이라는 것이지요. 또한 그는 선과 악이 별개로 있는 것이 아니라 인간의 마음이 만들어 내는 것으로 생각했습니다. 인간의 마음 때문에 욕망이 죄악을 향하기도 하고, 또 선한 삶을 향하기도 한다는 것입니다. 아우구스티누스는 인간의 마음속에 스스로를 드높여 신이 되려는 의지가 자리하고 있다고 말합니다. 이를 '휘브리스'(hybris)라고 불렀는데, 사실상 이 휘브리스가 모든 죄악의 근원이었던 셈이지요. 반면, 자기 자신을 낮추고 다른 사람을 위해 희생하는 것을 '케노시스'(kenosis)라고 칭했습니다. 그는 십자가에 달려 죽기까지 인간을 사랑했던 예수의 모습에서 케노시스를 발견합니다. 케노시스야말로 인간이 악한 욕망으로부터 벗어날 수 있는 열쇠라는 것입니다.

『에티카』를 텍스트로 하는 세 번째 글 「욕망을 긍정하는 윤리학, 어떻게 가능한가?」에서는 위의 두 글과 달리, 욕망에 대해 긍정적으로 바라보는 스피노자의 견해를 소개하고 있습니다. 그는 욕망을 인간의 가장 자연스러운 본성이자 인간의 본질 그 자체로 보았습니다. 스피노자에게 인간의 욕망이란 자신의 존재를 유지하고자 하고 또한 이를 위해 자신에게 유익한 것을 추구하는 노력이었지요. 따라서 욕망은 부정적인 것이 아닌, 인간에게서 가장 중요하고도 핵심적인 본성이었습니다. 하지만 그가 말하려는 것이 매 순간 충동적인 욕망에 맡기라는 것은 아닙니다. 그것은 충동에 예속된 삶에 불과하니까요. 그보다는 무엇이 자신에게 유익하고 또 무엇을 통해 자신의 능력을 키울 수 있는지 잘 판단하는 것이 중요하다고 보았습니다. 이를 위해서 기쁨을 지속적으로 증대시킬 수 있는 공동체적 관계를 구성하라고 제안하고 있습니다.

네 번째 글「나의 진짜 욕망을 알 수 있을까?」에서는『꿈의 해석』을 중심으로 프로이트의 생각을 다룹니다. 프로이트는 욕망이 있는 그대로 드러나는 것이 아니라 무의식 속에 자신을 숨긴 채 항상 다른 모습으로 등장한다고 말합니다. 프로이트는 정신분석 학자이자 의사로서 '임상적'인 관찰을 바탕으로 욕망에 대한 분석을 시도했습니다. 그는 인간이란 자신의 욕망을 억압하면서 살 수밖에 없는 존재라고 보았습니다. '오이디푸스 콤플렉스'라는 용어로 이를 설명하고 있는데, 인간은 아버지 때문에 자신의 첫사랑이었던 어머니를 차지할 수 없는 숙명에 놓여 있으며, 이러한 아버지의 존재는 인간이 자신의 욕망을 억압하도록 하는 사회적 금기로 이어져 있다는 것입니다. 만약 자신의 욕망을 마음대로 표출하려 한다면 사회의 도덕이나 규범, 각종 금기와 법 등에 의해 차단당할 수밖에 없는 것이지요. 하지만 프로이트는 억압된 욕망이 문명을 건설하게 했던 원동력이기도 하다고 말합니다. 억압된 욕망은 그저 숨겨진 채로 남아 있는 것이 아니라 예술 등의 형태로 승화되면서 문명을 이룩하도록 했다는 것이지요.

　다섯 번째 글「나에게 좋은 것이 무엇인지 알아내는 방법이 있을까?」는『도덕의 계보』를 중심으로 니체가 생각하는 욕망을 설명합니다. 욕망은 부정적이거나 억압되어야 할 것이 아니라 그 자체로 무구하고도 긍정적인 성격을 갖습니다. 니체는 특히 욕망에 대한 기독교의 관점에 매우 비판적이었는데, 내세를 위해 현재의 삶을 평가 절하하고 인간의 욕망이 지닌 창조적이고 능동적인 힘을 죄악시하는 태도에 분개했기 때문입니다. 나아가 기독교에 적잖은 영향을 받았던 서구 사회가 욕망을 이성이나 도덕에 비해 저급하게 여긴 경향에 대해서 전면전을 선포하기도 했지요. 니체는 또한 다수의 가치 혹은 동시대 혹은 그 사회의 지배적인 가치에 따르는 삶을 극복할 것을 강조했습니다. 니체는 자신에게 진정으로 가치 있는 것을 추구하며 살아갈 것을 제안합니다. 이를 위해서는 자신의 욕망을 실현하려는 의지, 그리고 이를 실현할 수 있는 능력 둘 다 중요하다고 말하고 있습니다. 그럼으로써 자신의 삶을 사랑하고 자신의 삶의 주인으로 살아갈 수 있다는 것입니다.

물론 욕망에 관한 견해는 이 책에 소개된 다섯 가지만이 아닙니다. 우리는 인류 역사상 욕망에 관한 논의가 가장 많이 다뤄지는 시대에 살고 있기도 합니다. 이 책에서 언급되는 다섯 권의 고전들은 욕망에 관한 최근의 논의를 이해하는 데 가장 중요한 고전들이라 생각합니다. 욕망에 대한 고전적이고 전통적인 논의에서부터 최근의 정신분석학적 논의까지 오늘날 가장 널리 언급되는 고전들을 중심으로 다루기 때문입니다. 욕망에 대해 알고자 하는 여러분의 욕망이 이 책을 통해서 잘 실현되었으면 하는 바람입니다.

그리고 이 책을 읽을 여러분에게 당부하고 싶은 말이 있습니다. 예를 들어 다섯 가지 견해 가운데 어느 것이 가장 올바른 견해인 가를 찾는다면, 이는 이 책을 가장 나쁘게 활용하는 방식이 될 것 입니다. 이 책에 제시된 욕망에 대한 서로 다른 견해들이 어떻게 욕망에 대한 새로운 안목을 제공해 주는지 생각해 본다면 이 책 을 가장 충실하게 잘 활용하는 것이고요. 자, 그러면 지금부터 욕 망에 관한 이야기를 본격적으로 시작해 보겠습니다.

손기태

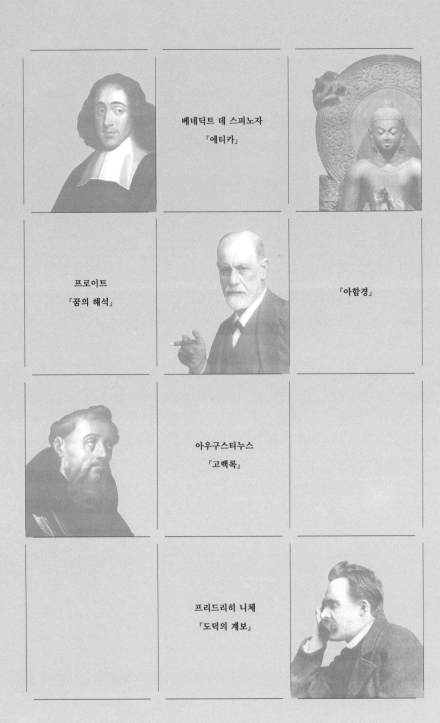

베네딕트 데 스피노자
『에티카』

프로이트
『꿈의 해석』

『아함경』

아우구스티누스
『고백록』

프리드리히 니체
『도덕의 계보』

차례

■일러두기
본문에서 인용문 출처를 표기할 때 해당 고전은 책 제목을 넣지 않고 생략했습니다. 자세한 인용문 출처는 208쪽에 있습니다.

I

욕망에서
자유로워야
고통에서
벗어날까?

『아함경』

박준영

제자들아, 이것이 바로 고통이 일어나는 원인이다.

이 원인에 대한 말을 가만히 생각해 보거라.

'갈애'는 집착하는 것이다.

즉 죽은 후에도 삶이 지속되기를 바라는 마음,

기쁨과 탐욕과 더불어 집착하는 그 마음이

'갈애'인 것이다.

─『잡아함경』

깨달은 자, 붓다

부처님(Buddha, 붓다, 기원전563?~기원전483?)은 아마 전 세계에서 가장 오랫동안 인기를 유지한 스타일 거예요. 2,500년이 넘는 오랜 기간 동안 칭송을 받았고, 지금도 사람들은 그의 가르침을 따르려고 노력하고 있으니까요. '붓다'의 본래 이름은 '고타마 싯다르타'입니다. 붓다는 '깨달은 자'라는 뜻으로, 깨달음을 얻은 후의 새 이름이지요. '석가모니'라는 이름으로 불리기도 하는데, 이는 석가족(붓다의 고향)의 승려(모니)라는 의미입니다. 붓다가 얻은 깨달음은 우리가 살펴볼 주제인 욕망과 관련이 깊습니다. 왜냐하면 붓다는 욕망을 잘 다루는 사람이 진정한 깨달음에 도달한다고 보았기 때문입니다. 먼저 붓다가 왜 깨달음을 얻으려고 했는지 그 배경부터 알아볼게요.

싯다르타의 어머니였던 마야 부인은 싯다르타를 낳고 7일 만에 세상을 떠납니다. 싯다르타는 태어나자마자 엄청난 '고통'이자 '슬픔'을 겪은 셈입니다. 싯다르타가 태어나자 당시의 유명한 예

부처의 삶 부처의 생애를 몇 장면으로 나눠서 표현한 그림이다. 18세기 버마(미얀마)의 그림책.

언가는 아이가 자라면 위대한 왕이 되거나 성인(聖人)이 되리라고 선언합니다. 당시에는 성인이 되려면 평생 집을 떠나 떠돌면서 수행을 해야 했지요. 아버지 슛도다나 왕은 자식이 이러한 수도승이 되기를 바라지 않았어요. 그래서 왕자가 궁 외부의 비참한 세상을 알지 못하도록 철저히 단속하고, 부족함을 느끼지 않도록 왕자가 원하는 것은 무엇이든지 해 주었습니다.

싯다르타는 문법과 천문 지리에 일찍부터 능통했고, 왕이 되기 위해 배워야 할 병법이나 무술에도 탁월했다고 합니다. 하지만 여유가 생기면 늘 생각에 잠기곤 했습니다. 왕은 이런 왕자의 모습을 볼 때마다 예언이 떠올라 불안했지요. 혹여 왕자가 궁을 나가 수도승이 되면 어쩌나 하고 말이지요.

욕망, 고전으로 생각하다

　왕의 근심은 현실이 되고 맙니다. 어느 날 싯다르타가 백성들의 삶을 구경하기 위해 성문 밖으로 나선 것이지요. 먼저 동쪽 문을 나섰습니다. 그곳에서 백발의 허리 굽은 노인을 보고, 깜짝 놀랍니다. 화려한 궁 안에서는 그런 모습을 본 적이 없기 때문이지요. 마부에게 저 사람은 어째서 저런 몰골이 되었냐고 묻습니다. 사람이면 누구나 저 노인처럼 늙는다는 마부의 대답에 싯다르타는 충격을 받지요.

　거기에서 끝나지 않습니다. 남문으로 나선 싯다르타는 병자를 만나고, 서문에서는 시체를 보게 됩니다. 늙고, 병들고, 죽는 인생의 고통을 만나게 된 것이지요. 흥미로운 점은 싯다르타에게 인생의 고통을 설명해 준 이가 '마부'였다는 사실입니다. 아마도 낮은 계급이었을 마부가 싯다르타의 첫 번째 스승 역할을 한 셈입니다.

마지막으로 북문으로 나섰을 때 수행자를 보게 됩니다. 그 수행자는 늙고 병들고 죽는 인생의 고통에서 벗어나기 위해 수도하고 있었습니다. 아무것도 먹지 않아 깡마른 체구에 얼마나 오래 앉아 명상에 잠겨 있었던지 머리에는 새집이 지어져 있었지요. 그 모습을 본 싯다르타는 감동을 받아 출가, 즉 세속의 인연을 버리고 수행 생활을 할 것을 결심합니다. 물론 왕을 비롯한 궁 안의 사람들은 아무도 이런 결심을 몰랐습니다.

이후 싯다르타는 왕족의 의례에 따라 결혼도 하고, 아이도 낳습니다. 하지만 마음은 늘 성 밖으로 향해 있었지요. '세상은 어째서 고통스러우며, 인간은 왜 나고 죽는가?'라는 질문이 머리에서 떠나지를 않았습니다. 마침내 어느 날 밤, 모든 사람이 잠든 틈에 싯다르타는 자리에서 일어납니다. 아내와 아들이 있는 방에 잠시 들러 그들을 바라본 뒤, 마부를 불러 자신의 말을 내어 달라고 합니다. 마부는 이때에도 왕자의 말을 따릅니다. 이 마부가 왕자를 밖에 내보내지 말라는 왕의 명령을 따랐다면, 싯다르타가 붓다가 될 수 있는 시기가 더 늦어졌을지도 모르겠네요.

말을 몰아 갠지스 강가에 이른 싯다르타는 몸에 지닌 패물을 마부에게 주었고, 또한 가는 길에 만난 사냥꾼들에게는 입고 있던 옷을 벗어 주었지요. 그러고선 허리에 찬 칼을 뽑아 스스로 머리를 깎았습니다. 수도자가 된 것입니다. 그의 나이 29세였습니다.

수도자 싯다르타는 깨달음을 얻기 위해 여러 스승들을 찾아다녔습니다. 여러 가지 수행을 하였지만 '세상은 어째서 고통스러우며, 인간은 왜 나고 죽는가?'라는 질문에 답을 찾을 수 없었습니다. 싯다르타는 함께 수도하는 사람들을 떠나 근처 숲으로 들어갑니다. 그리고 보리수나무 밑에 결가부좌를 하고 앉아, 결심하지요. "깨닫기 전에는 결코 이 자리에서 일어나지 않으리라." 그러고는 명상에 빠져듭니다.

강물을 마주하고 보리수 밑에 앉자, 수많은 유혹과 잡념이 머리를 채웠습니다. 모두 인간의 원초적인 '욕망'과 관련된 망상들이었습니다. 먹는 것에 대한 욕망, 쉬고 잠자고 싶은 욕망, 그리고 성에 대한 욕망이지요. 하지만 싯다르타는 이 욕망들을 모두 물리치며, 더더욱 정신을 집중합니다. 드디어 싯다르타에게 깨달음이 옵니다. 비로소 '고통'의 진짜 원인을 깨닫게 됩니다. 이때 싯다르타는 눈을 떠 새벽 별을 보게 됩니다. 이 새벽 별은 싯다르타가 붓다가 된 것, 즉 한 사람의 평범한 수행자가 큰 깨달음을 얻고 '붓다'가 된 것을 찬양하고 있지 않았을까요? 이때 붓다의 나이는 35세였습니다.

인생은 고통의 연속이다

붓다는 깨달음을 얻은 후, 그 깨달음의 내용을 사람들에게 전해 주기로 결심합니다. 가장 기본적인 깨달음이자 가르침의 내용은 무엇일까요? 하나는 인간에 대한 것이고, 또 하나는 우주에 대한 것입니다.

우리가 살펴볼 『아함경』은 붓다가 죽은 후, 그 제자들이 모여 스승의 말씀들을 기억해서 적어 놓은 경전입니다. 이 경전은 붓다의 생전과 가장 가까운 때에 만들어졌기 때문에, 여러 학자들은 이 경전에서 붓다의 실제 언행들을 볼 수 있다고 말합니다.

『아함경』에서 붓다는 '고통의 진리'를 말합니다. 다시 말해 인생은 기쁨이 아니라 고통이라는 것입니다. 병들고 늙는 것, 보기 싫은 사람과 만나는 것, 사랑하는 사람과 헤어지는 것, 그리고 갖고 싶은 것을 못 갖는 것이 대표적인 고통의 예입니다. 왜 그렇지 않겠습니까? 여러분은 아직 늙고 병드는 고통은 겪지 못했겠지만 좋아하는 친구와 헤어지거나, 갖고 싶은 것을 사지 못해서 울

었던 기억들이 있을 거예요. 그런 고통들은 우리 삶의 모든 부분에 걸쳐 계속 발생합니다. 기쁨의 순간이 있다 하더라도 오래 지속되지 않지요.

이 고통들은 사실 인간이 죽을 수밖에 없는 존재라는 것에서 비롯됩니다. 죽음으로 향해 가는 도중에 생겨나는 기쁨들도 결국에는 죽음으로 해서 무의미해진다는 것이지요.

인간뿐 아니라 모든 것이 반드시 나고 죽고, 변화합니다. 한번 생각해 보세요. 세상에 단 1초라도 멈추어 선 것이 있나요? 세상에서 가장 확고하게 멈추어 있다고 여기는 것이 무엇인가요? 저기 창문 너머로 보이는 큰 산이 그럴 것 같습니다. 하지만 언제나 아무런 변화도 없어 보이는 큰 산이라 하더라도, 그 안에서는 무수한 변화들이 있습니다. 흙이 무너지고, 그 자리에 물이 흘러 물길이 생기고, 사람들이 밟고 지나가 길이 생기지요. 그리고 생각을 거듭해 보면 이런 변화와 움직임들조차 또 다른 큰 변화 안에 속해서 언젠가는 없어진다는 것을 알 수 있습니다. 아무리 큰 산도 언젠가는 없어진다는 것입니다. 그리고 없어진 그 자리에 또 다른 것이 생겨납니다.

우주의 만물이 이러하기에 여러분 자신도 죽음을 벗어날 수 없습니다. 죽은 그 자리에 풀이 자라고, 또는 여러분의 아들딸들이 새로운 인생을 살아가지요. 이렇게 인간과 세상의 모든 존재는 나고 죽고를 반복하면서 늘 변화하고 있습니다.

욕망, 고전으로 생각하다

우주의 모든 것은 고정되지 않고 늘 변하기 때문에 그 어떤 것도 붙잡을 수 없습니다. 잡았다고 생각하는 순간 사라집니다. 예를 들어 여러분이 어떤 목표를 정하고 열심히 노력해서 이루었다고 칩시다. 당연히 기쁘겠지요? 하지만 그 기쁨이 영원히 지속되나요? 그렇지 않습니다. 얼마 안 가 다른 문제가 생길 것입니다. 어르신들이 곧잘 한숨을 쉬며, "인생무상이야."라고 하는 것을 들어 본 적이 있을 거예요. 인생이 덧없다는 뜻입니다. '무상'이라는 말이 바로 불교 용어랍니다. 말 그대로 풀이하면 '항상 그대로 있는 것은 없다.'라는 뜻이지요.

그런데 이렇게 세상 모든 것이 변화하는데 붙잡아 두려고 하면 어떻게 될까요? 바로 고통이 됩니다. '집착'이라는 말을 알지요? 어떤 것에 늘 마음이 쏠려 잊지 못하고 매달린다는 뜻입니다. 별로 좋지 않은 뜻으로 쓰이는데, 너무 심하게 어떤 것을 원하는 상태이기 때문입니다. 붓다는 '욕망에 대한 집착'을 '갈애'라고 부릅니다. 뜨거운 사막에 있다면 갈증을 견디기가 너무나도 힘들 테니 물을 정말 간절히 원하겠죠? 갈애가 바로 뜨거운 사막에서 물을 원하듯 욕망하는 것입니다. 그런데 붓다는 이 갈애가 고통의 원인이라고 말합니다.『아함경』의 한 구절을 쉬운 말로 옮겨 보겠습니다.

제자들아, 이것이 바로 고통이 일어나는 원인이다. 이 원인에 대한 말을 가만히 생각해 보거라. '갈애'는 집착하는 것이다. 즉 죽은 후에도 삶이 지속되기를 바라는 마음, 기쁨과 탐욕과 더불어 집착하는 그 마음이 '갈애'인 것이다.

아무리 좋은 삶이라도, 아무리 좋은 사람이나 물건이라도 영원히 곁에 둘 수 없는데, 우리는 늘 곁에 두고 싶어 합니다. 불가능한 것을 원하니까 언제나 좌절하고, 고통스러운 것입니다. 고통이 집착으로부터 생기고, 그 집착은 욕망으로부터 생기는 것이지요.

　욕망, 고전으로 생각하다

'갈애'에는 어떤 종류가 있을까요? 먹고, 마시고, 잠자고, 노는 감각적 쾌락뿐만 아니라 부와 권력, 명예에 대한 욕망도 포함됩니다. 그러니까 물질적인 것뿐 아니라 정신적으로 과도한 욕망이 모두 갈애에 속하는 셈이지요.

붓다는 세상의 모든 싸움과 분쟁은 모두 이기적인 탐욕에서 비롯된다고 말합니다. 좁게는 가족에서 넓게는 사회 전체에 이르기까지 모든 문제의 근원에 갈애가 있다는 것이지요. 붓다는 "세상 사람들은 결핍을 느끼고 갈망하고 있으며 탐욕의 노예가 되어 있다."고 말합니다.

그런데 붓다가 욕망이란 욕망, 집착이란 집착은 모두 부정한 것일까요? 그렇지는 않습니다. 다만 '과도한' 집착과 욕망을 경계했습니다. 사람이 살아가자면 이런저런 집착이나 욕망이 생기기 마련인데 그런 욕망들을 모두 부정한다면 제대로 살 수가 있을까요? 만약 '살려는 집착'이 없다면 그 누구도 제대로 된 일상을 이어 갈 수 없을 겁니다. 또 무엇인가를 성취하려고 하는 욕망이 없다면 어떨까요? 그런 욕망이 있기 때문에 성장할 수 있는 것이지요. 문제는 과도한 욕망, 갈애입니다.

갈애는 인간이 세상에 태어나고, 죽고, 또 다음에 이 세상에 새로 태어난다는 '윤회'라는 사상의 원천이기도 합니다. '윤회한다.'라는 말은 들어 봤지요? '윤회'란 말 그대로 '돌고 돈다.'는 것입니다. 무엇이 돌고 도나요? 우리의 삶이 죽음에서 멈추지 않고 다음

생으로 이어진다는 것이지요. 즉 전생이 있고, 지금의 생이 있고, 또 다음 생이 있다는 뜻입니다. 이 '윤회'는 인도에서 전통적으로 내려온 사상입니다. 그런데 불교에서는 이 돌고 도는 삶의 원인이 갈애라는 것이에요.

왜 그럴까요? 끝까지 이 세상에서 무언가를 누리고자 하는 욕망 때문입니다. 이 욕망이 심해지면, 죽음 이후에까지 뻗쳐 다시 태어나게 하는 힘이 되는 것이지요. 우리가 살펴본 바와 같이 '이 세상'의 삶이란 고통의 연속입니다. 그러니 윤회함으로써 이 세상에 다시 태어난다는 것은 고통이 계속 이어진다는 의미와 같습니다.

'업이 쌓여서 그래.', '전생에 무슨 업을 지었길래.'라는 말들은 우리가 흔히 듣는 말인데요, 이 말은 바로 '내가 너무 과도한 욕망을 갖는 바람에 고통을 받는 거야.'라는 말과 통합니다. 그런데 인간이 참으로 어리석은 것이 이렇게 욕망 때문에 '업'이 쌓이고, 그로 인해 윤회의 힘이 생겨나고, 그래서 세상에 다시 태어나 고통받는다는 것을 알면서도, 늘 욕망한다는 것입니다. 그것도 아주 심한 갈증과 같은 '갈애'를 말입니다. 이 의도적이면서도 끈질긴 갈애가 업을 쌓고 우리는 영원히 윤회의 사슬에서 벗어나지 못할 것 같습니다.

하지만 붓다는 이 윤회의 사슬을 끊어 냈습니다. 바로 수행을 통해서요. 평범한 사람으로서는 쉽지 않은 일처럼 보입니다. 하

지만 붓다는 가르침을 따르고 진리에 눈뜨면 누구든 욕망의 소멸에 이르러 깨닫고 고통으로부터 벗어날 수 있다고 선언합니다. 이러한 상태를 바로 '해탈' 또는 '열반'(nirvana)이라고 부릅니다.

깨달음에 이르는 길

'열반'은 유한한 인간이 다다를 수 있는 최고의 경지입니다. '열반'은 '불을 끈다.'는 뜻입니다. 다시 말해 열반에 이르기 위해서는 고통을 떠나야 하고, 고통을 떠나기 위해서는 마땅히 마른 섶에 붙은 불처럼 '사나운 욕망'을 꺼야 한다는 것이지요. 머리로만 사나운 욕망을 꺼야지 생각한다고 되는 것이 아니라 붓다처럼 직접 수행해야 하는 것입니다.

'열반'에 이르면 어떤 일이 일어날까요? 붓다는 이 열반이라는 경지가 인간의 언어로는 표현하기 불가능하다고 합니다. 한마디로 '말할 수 없는 경지'라는 것이지요. 왜냐하면 인간의 언어는 너무 빈약하기 때문에, 언어로는 결코 완전하고 만족스럽게 대답할 수 없기 때문이지요. 불교에서는 오히려 언어가 진리를 깨닫는 데 방해가 될 수 있다고 합니다.

평소에 뭔가 표현하고 싶지만, 말로 하기가 참 곤란할 때가 있지요? 이를테면 부모님을 사랑하는 마음이 정말 큰데, 어떤 말로 표현해야 할지 잘 모르는 경우나 사랑하는 연인에게 나의 사랑을 표현하고 싶지만, 그 사랑의 크기를 드러낼 만한 말이 없는 경우처럼요. 또 정말 놀라운 광경이나 풍경을 보고서 입만 딱 벌리고 말을 잇지 못하는 경우도 있습니다. 열반이란 그렇게 말로 표현하기 어렵습니다.

하지만 그렇다고 설명을 안 할 수는 없기에 굳이 설명하자면 열반은 주로 부정적인 단어로 많이 표현됩니다. 이를테면 '갈애가 다하다.', '행위가 없다.', '탐욕으로부터 멀어지다.', '욕망이 소멸하다.', '욕망이 사라지다.'와 같은 표현들이지요. 열반에 관해 붓다가 '설명'한 것을 들어 보지요.

> 그것은 사나운 욕망을 완전히 떠나는 것이고, 탐욕을 버리는 것이며, 그것으로부터 분리되는 것이다.
>
> —『율장』

> 나를 둘러싼 모든 환경과 조건들이 사라지고, 모든 더러운 것들도 잦아들고, 탐욕이 소멸한 경지, 그것이 열반이다.

> 제자들아, 절대적 경지란 무엇인가? 그것은 탐욕을 버리고, 성냄도 버리고, 어리석음도 버리는 것이다.

열반에 대해 묻는 사상가에게 붓다는 다음과 같이 차근차근 대답하기도 합니다. 이 대화는 열반의 경지를 매우 이해하기 쉽게 설명하는 부분이기 때문에 길지만 한번 옮겨 보도록 할게요.

"붓다여, 그렇다면 열반을 이룬 자는 다시 태어나는 것인가요?"

"그것은 다시 태어나는 그런 문제가 아니다."

(…)

"그대가 알 수 없는 것은 당연하다. 왜냐하면 이 가르침은 심히 깊고, 알기 어렵고, 미묘하여, 지혜로운 자만이 터득할 수 있기 때문이다. 당신과 같은 다른 사상을 가진 사람들은 쉽게 이해될 수 없다. 그래도 나는 너를 위해 이에 대해 설명하겠다. 잘 들어 보아라. 여기 불이 있다. 그 불이 타고 있다. 그럼 그 불은 무엇으로 인해 타고 있는가?"

"물론 나무로 인해 타고 있지요."

"맞는 말이다. 그런데 그 불이 다 타고 꺼진다면, 그 불은 어디로 갔냐고 물을 수 있는가?"

"붓다여, 그것은 올바른 물음이 아닙니다. 그 불은 나무로 인해 탔고, 이제 나무가 없기에 꺼진 것일 뿐이지요."

(…)

"옳다. 이 인생은 고통으로 차 있다. 그것은 탐욕과 성냄과 어리석음 때문이다. 사람이 어리석어 욕망에 휘둘리는 것이다. 그래서 나는 그것을 없애는 방법을 가르친다. 그것을 통해 욕망이 꺼지면 불안이나 괴로움도 함께 사라진다. 마치 사납게 타오르던 불이 나무가 다하자 꺼져 버리는 것과 같이 말이다. 나는 이를 '열반'이라 부른다."

이 비유는 단순한 비유라기보다는 열반의 본뜻, 즉 '불을 끈다.'는 의미에 매우 밀착된 설명입니다. 당시에 사람들이 열반을 이해하기 어려워한 것은 어쩌면 당연한 것이었어요. 왜냐하면 이 단어 자체가 붓다가 사용한 의미로 사용되기보다, 그저 '불을 끈다.'는 의미였기 때문이지요. 그러니까 열반은 과도한 욕망을 끄는 것입니다.

그런데 이 열반에 대해 '자아 부정'이나 '죽음' 심지어 '자살'이라고 생각하는 사람들이 많습니다. 절대 아니지요. 왜냐하면 붓다는 애초부터 '자아'라는 것이 없다고 보기 때문입니다. 그리고 자아에 집착하는 것도 욕망 중의 하나이지요. 붓다는 '나'라는 관념도 이런저런 요소들의 결합과 분리일 뿐이라고 말합니다. 그러니 '나'라는 고정불변한 실체는 없지요. 이를테면 나를 이루고 있는 것은 뼈와 살, 두뇌, 생각하고 말하는 상태 등등입니다. 이것들이 모여서 '나'를 이루는 것이지, 처음부터 '나'라는 것이 있고, 살과 뼈가 거기에 붙어 있는 것이 아니라는 것이지요. 그러나 많은 사람들은 이런 자아를 '있다'고 여기고, '자아실현'을 인생의 목적으로 여기기도 합니다. 그러나 진정한 '실현'이란 오히려 자기를 버릴 때 온다고 붓다는 말합니다.

없는 자아를 있다고 보는 것처럼, 붓다의 가르침에 따르면 우리가 잘못 생각하고 있는 것이 있습니다. 붓다는 이런 잘못된 생각을 네 가지로 정리하는데, '네 가지 뒤집어진 의견'이라고 하지요. 네 가지를 정리하면 다음과 같습니다.

⑴ 이 세상의 헛된 것들을 영원한 것처럼 잘못 생각하는 것

⑵ 고통이 본질인 인생을 즐거움만 존재하는 것으로 잘못 생각하는 것

⑶ 우리 존재의 더러움을 깨끗한 것으로 여기는 것

⑷ 존재하지 않는 자아를 존재하는 것으로 여기는 것

이 잘못된 생각들도 갈애의 소멸과 더불어 사라집니다. 이 네 가지 그릇된 생각을 벗어나는 것이 또한 열반이지요. 진리에 이르기 위해서는 이 오류들을 떠나 열반에 이르러야 합니다. 떠나는 방법은 '중'(中)입니다. '중'이란 '양 극단을 떠나 중도에 선다.'는 것입니다. 쉽게 말해서 늘 적정한 생각과 행동을 한다는 것입니다. 과도한 행동이나 생각은 '집착'에서 생기기 때문이지요. 집착은 고통을 가져오고요.

그러면 구체적으로 이 '중'의 마음가짐은 어떤 것일까요? 붓다

는 마치 잘 조율된 거문고 줄과 같다고 대답합니다. 거문고 줄을 너무 팽팽하게 죄어도 안 되고, 너무 느슨하게 해도 연주하기 어려워지고 음이 틀려져 이상한 소음만 나게 됩니다. '중'이라는 것도 적정하게 잘 조율된 마음가짐과 거기서 비롯된 행동이라는 것이지요.

그런데 이렇게 양 극단이 아닌 '중간'을 취한다는 것은 그저 편하고 애매모호한 태도로 눈치만 보는 기회주의로 착각할 수 있습니다. 그렇지 않습니다. 만약 그런 것이라면, 적당히 눈치 보며 사는 것이 해탈이고 열반이 될 겁니다. '중간'이란 이런 것이 아니고, 양극단을 떠나는 겁니다. 왔다 갔다 하는 것이 아니라, 왔다 갔다 하는 그 부질없는 행동을 그만두는 겁니다. 그래서 '떠난다'는 것이 '중'의 가장 정확한 표현이에요.

아무것도 집착하지 않는 상태, 완전한 평온 상태, 불이 꺼진 그 상태가 바로 중도의 추구를 통해 드러납니다. 그러므로 열반에 이른 사람은 절대적 지혜를 갖춘 것이고, 이 지혜를 갖추기 위해 온갖 수행들을 해 왔기 때문에 여간해서는 흔들리지 않게 됩니다.

결론적으로 열반이란 '갈애를 남김 없이 멸하고 버리고 벗어나서, 더 이상 집착함이 없음에 이르는 일'이라는 것입니다. 하지만 이렇게 간단명료하니 너무 쉽다고 여기면 큰코다칩니다. 말은 쉽지만 이를 행한다는 것은 참으로 어려운 일이니까요. 이런 점에서 붓다의 가르침은 이론보다는 실천이 중요합니다.

어떤 실천을 해야 할까요? 그 실천에 관해 되도록 상세하게 열거한 것이 '여덟 가지 길'(팔정도)입니다. 이 여덟 가지 길은 바르게 보는 것, 바르게 행동하는 것, 바르게 생활하는 것, 바르게 수행하는 것으로 크게 나눌 수 있습니다.

우선 바르게 보는 것을 '바른 의견'이라고 합니다. 그리고 바르게 행동하는 것에는 세 가지가 있어요. 즉 '바른 생각', '바른 언어', '바른 몸가짐'입니다. 그리고 바르게 생활하는 것은 '바른 위치(직업)'라고 합니다. 다음으로 바르게 수행하는 것에는 다시 세가지가 있는데, '바른 계획', '바른 가치관', '바른 자세'입니다.

그런데 여덟 가지 모두에 '바르다'는 말이 붙어 있습니다. 이 말은 붓다의 실천을 관통하는 원리예요. '바르다'는 것은 어떤 상태를 말할까요?

우선 첫째로, '바름'에는 '헛된 망상을 떠난다.'는 뜻이 있어요. 그러니까 '바른 의견'을 갖는다는 것은 헛된 생각, 언어, 관찰, 분별을 떠난다, 버린다는 것이 되겠지요. 붓다는 바른 의견, 바른 언어와 반대되는 의미로 '헛된 의견', '헛된 언어'를 듭니다. 그럼 이런 헛됨은 어떻게 생겨나는 것일까요?

여기에 물통이 있어서 물이 가득 채워져 있다. 만약 그 물이 데워져서 끓고 있거나, 풀로 덮여 있거나, 또는 바람으로 인해 물결이 인다면 어떻겠느냐? 그 물에 얼굴을 비추면 있는 그대로의 모습을 볼 수는 없을 것이다.

붓다의 특기 중 하나가 이렇게 쉬운 비유를 들어 설명하는 것인데, 이 비유는 그중에서도 정말 절묘합니다. 흐려진 물, 무언가로 덮인 물과 같이 마음이 망상으로 차 있으면, 현실을 바르게 보지 못한다는 것이지요. 이런 장애를 모두 떨쳐 버려야 '진짜 모습'이 보입니다. 이것을 불교에서는 '실재로 있는 그대로를 본다.'라고 표현합니다. 풀어 새기면, '있는 것은 있는 대로, 없는 것은 없는 대로 본다.'는 것이지요. 예전에 성철 큰스님이 깨달음을 얻고 외쳤다는 그 "산은 산이고, 물은 물이다."는 말이 바로 이러한 상태를 가리킵니다.

그런데 붓다는 이론만 설하는 이론가는 아니에요. 그것을 실천할 수 있는 원칙도 일러 주었답니다. 붓다는 그 실천 지침으로 '자비'(慈悲)를 말합니다. 붓다는 자비에 대해 다음과 같이 설합니다.

가르침의 도리를 잘 이해한 사람이
자유의 경지에서 할 일이 이것이다.
(…)
마치 어머니가 그 외아들을
자기 목숨을 걸어 지키는 것처럼

일체의 생명 또는 사람에게

끝없이 자비심을 베풀라.

참으로 일체의 세상 위에

끝없는 존재 위에 그 마음을 베풀어라.

(…)

설 때나 길을 갈 때나 앉은 때나 누울 때나

깊은 잠에 빠져 있지 않는 한

온 힘을 다해 이 생각을 놓치지 말라.

성스러운 경지라 함은 바로 이것이니라.

—『소부경전』

　이런 자비의 실천은 사실 붓다가 깨달음을 얻은 뒤의 고민과도 연관이 됩니다. 붓다는 깨달은 직후 '이 깨달음의 내용은 사람들이 이해하기 힘들다. 나만 지니고 있어도 족하고, 그것이 오히려 더 편하다. 어떻게 할 것인가?'라는 고민에 빠집니다. 고뇌 끝에 이것을 세상에 알리기로 결심했지요. 세상 모든 사람들이 고통에서 벗어나 성인이 될 수 있게 말이지요. 자기 자신만을 구제하는 것이 아니라 세상의 모든 고통받는 자들을 함께 구제하는 것, 그 것을 불교에서는 '위로는 스스로 깨닫고, 아래로는 사람들을 교화한다.'라고 합니다.

수월관음도 관세음보살은
자비로 중생의 괴로움을 구
제하는 보살이다.

  '자비'에서 '자'(慈)의 인도어 원어인 mettā(메타)는 '벗'이라는
뜻의 mitra(미트라)에서 온 말이에요. mettā의 다른 의미는 '우정'
이지요. 흔히 이 말의 한문 역어인 '자'를 '사랑'이란 뜻으로 새기
기도 합니다만, 오해의 소지가 있습니다. 왜냐하면 불교 용어에
서 '사랑'에 해당하는 말들은 주로 감각적이고 성적인 사랑을 의
미하고 부정적인 것이 많기 때문이지요. 우리가 앞서 고통의 원

인이라고 본 갈애도 '사랑'이라는 의미를 가지고 있습니다. 불교의 경전인 『법구경』에 "사랑에서 근심이 생기고, 두려움이 생긴다."는 구절이 있을 정도입니다.

그러므로 원뜻을 살려 '우정'이라고 하는 것이 더 합당합니다. 우리는 우정보다 사랑에 더 큰 가치를 두곤 합니다만, 사랑이 올바르지 않은 방향으로 가서 '집착'이 되는 것보다, 평생을 '우정 같은 사랑'을 하는 것이 더 가치 있을 수도 있습니다. 그리고 서로 없으면 안 되는 그런 사이라 할지라도, '우정'이라는 관계가 전제되지 않으면, 그 관계는 금세 고통스러워질 거예요. 왜냐하면 사랑은 존중보다 '소유'에 가까운 욕망을 일깨우는 경우가 많기 때문이지요.

다음으로 '비'(悲)의 인도어 원어인 'karunā'(까루나)의 본래 뜻은 고통받을 때 나오는 '신음'입니다. 즉 이것은 고통받는 타인을 상징하는 말이지요. 그래서 '자비'란 고통받는 자를 친구로 삼는 것을 뜻합니다. 그들의 고통을 내가 느껴야 가능하겠지요? 흔히 말하듯이 '너와 고통을 함께하겠어.'라고 결심하는 것이지요. 이 것을 우리는 '공감'이라고 합니다. 특히 소외받는 사람들에 대한 공감이 중요합니다. 잘사는 사람들보다 이런 사람들이 공감을 더 필요로 하기 때문입니다. 그래서 '자비'에는 무엇보다 세상의 가난한 자와 소외받는 자들에 대한 지극한 '연대'의 감정이 녹아 있는 것이지요.

사나운 욕망을 떠나 우정의 공동체로

지금까지 붓다가 이야기한 욕망과 갈애를 떠나는 것에 대한 가르침을 살펴보았습니다. 요약하면 이렇게 정리할 수 있습니다.

(1) 존재하는 모든 것은 서로 헛되며 자아도 그러하다.

(2) 이 진리를 모르고 헛된 세상과 자아에 집착하는 것(갈애)은 고통을 부른다.

(3) 그러므로 욕망을 떠나 중도에 이르는 여덟 가지 길을 알고, 그대로 수행하여, 열반에 이르러라.

(4) 열반은 곧 자비(고통받는 자들과의 우정)를 수반하는 것. 세상의 고통받는 모든 존재들과 연대하여 우정을 나누라!

여기에는 어떤 중요한 내용이 있어요. (2)와 (4)를 보세요. (2)에서 세상과 자아가 무상하다고 했지만, (4)에서는 다시 연대하고 우정을 나누라고 하지요? 즉 '허무주의'를 극복하는 길을 가르쳐 주고 있는 것입니다. 세상이 무상하다고, 자아가 없다고 냉소하는 것이 붓다의 가르침이 아니라는 것이지요. 그래서 앞서 열반이 죽음과 같은 것이 아니라고 했던 것이지요. 허무주의는 고통받는 자들과의 우정, 즉 자비를 목표로 할 때 극복됩니다. 결코 혼자 수행하는 것만을 고집하지 않는다는 것을 알 수 있습니다. 앞서 말했듯이 '스스로 깨닫고 다른 사람들을 교화한다.'는 것입니다.

기억나나요? 싯다르타가 처음 출가를 결심할 때, 누가 그를 도왔는지? 신분이 낮은 '마부'와 성 밖에서 만난 고통받는 사람들이었습니다. 싯다르타의 고민이 시작된 그 시점부터 스스로 깨닫는 것뿐 아니라 타인을 구한다는 생각도 분명했던 것이지요. 그리고 이제 붓다는 깨달은 자로서 사람들에게 욕망을 떠나 자비를 베푸는 방법을 가르치는 것입니다.

나부터 시작해서 자비를 실천하고, 그 실천의 방법을 다른 사람에게 전하면, 자비를 실천하고 배우는 자들이 늘어나게 됩니다. 그리고 배우는 자들이 하나의 공간에 모여 살게 되면, 깨달음과 자비의 공동체가 형성되는 겁니다. 불교에서는 이를 '상가'라고 하지요. 한문으로는 승가(僧家)로 옮깁니다. 승가는 늘 고통받는 자들과 우정으로 이어져 있습니다. 승가 내의 배우는 자들(수행자들, 스님들) 간의 우정, 그리고 이들과 세속의 고통받는 모든 존재들(중생)과의 우정은 다시, 고통받는 중생들 간의 우정으로 확대됩니다. 이 '우정의 확대'를 현대적인 단어로 쓰면 '연대'가

됩니다. 그리고 연대가 이루어진 집단을 '공동체'라고 부를 수 있지요. 수행의 공동체, 자비의 공동체, 고통의 공동체이자 열반의 공동체가 바로 그것입니다. 붓다는 세상 사람들 모두가 이런 공동체를 이루어 평화롭게 살기를 바랐던 것입니다.

2

욕망, 그것은 모든 죄악의 근원일까?

아우구스티누스 『고백록』

손기태

한 사람 안에 서로 대립되는 의지가 많이 있듯이

서로 대립되는 본성이 많이 있다면,

실은 사람 안에 두 본성만 있는 것이 아니라

많은 본성이 있다고 보아야 합니다. (…)

사람의 영혼은 서로 상반되는 네 가지의 의지에 의하여

아니 더 많은 상반된 욕구의 수에 따라

더 많이 헷갈려 분열되게 됩니다. (…)

이 모든 하고 싶어 하는 의지는 좋은 것만은 사실입니다.

그러나 그중에서 하나의 의지가 선택될 때까지는

모든 의지들이 분쟁을 하게 됩니다. 이렇게 하다가

하나가 선택이 되면 이전에 여러 방면으로 나누어져 있던

그 의지가 안정이 되고 하나가 됩니다.

－『고백록』

아우구스티누스의 고민,
욕망

사람은 누구나 후회를 합니다. "아, 그때 그러지 말았어야 했는데, 괜히 그랬나 봐." "조금만 참을걸." "내 기억에서 모두 지워 버리고 싶어." 물론 애초에 후회할 일을 저지르지 않으면 되겠지만 어디 그게 쉬운 일인가요? 자신의 충동이나 감정을 완벽하게 제어할 수 있다면 후회할 일은 애초부터 생겨나지도 않았겠지요. 하지만 우리는 후회를 하면서도 그다음에 또다시 후회할 일을 만들곤 합니다.

때로 후회가 약이 되기도 합니다. 후회를 통해서 자기 자신을 좀 더 객관적인 시선으로 바라볼 수 있기 때문입니다. 자신의 마음을 좀 더 깊이 들여다보게 해 주고, 자신의 어리석음과 무절제함을 일깨우는 일종의 반면교사가 되는 것이지요. 젊은 시절의 방탕한 삶에 대한 후회가 위대한 사상을 낳기도 합니다. 지금 소개할 아우구스티누스(Aurelius Augustinus, 354~430)가 그렇습니다.

중세 교부철학을 대표하는 철학자이자 『고백록』(401), 『신국』

아우구스티누스 중세 사상계에 큰 영
향을 준 로마의 주교이자 철학자. 안토
니오 로드리게스가 그린 그림이다.

등의 저자로, 그리고 영어식으로는 '어거스틴'이라는 이름으로 널
리 알려진 아우구스티누스는 매우 독실한 신앙을 가지고 금욕적
인 삶을 살았던 사람이었습니다. 자신의 욕망을 철저하게 절제하
면서 살고자 했지요. 평생 동안 인간의 욕망과 의지, 죄악의 문제
와 씨름을 하였고, 이를 통해 서구 중세 신학의 전반적인 기초를
마련할 수 있었습니다.

그는 욕망을 어떻게 바라보아야 할지 깊이 고민했습니다. '욕
망도 신이 인간에게 내려 준 선물인데 꼭 죄악시해야 하는 것일
까?' '아예 없애거나 무조건 억누르면 되는 것일까?' 이러한 문제

의식으로 그는 인간의 욕망을 치밀하고도 섬세하게 관찰하였습니다. 그 결과 욕망에 대한 기존의 통념을 깨뜨리면서 인간 내면 세계에 대한 깊이 있는 통찰과 풍부한 분석을 내놓을 수 있었습니다. 그가 말하는 욕망이 무엇인지 본격적으로 알아보도록 하겠습니다.

아우구스티누스의 욕망에 대한 고민은 그가 마니교에 몸담았던 시기로 거슬러 올라갑니다. 그는 약혼 전에 무려 15년 가까이나 함께 살았던 동거녀가 있었습니다. 둘 사이에 태어난 아들도 있었습니다. 하지만 출세의 기회가 주어지자 합법적으로 결혼하려고 동거녀를 버리고 다른 여성과 약혼하게 됩니다. 출세를 위해 오랫동안 동거해 왔던 여성을 버린 것도 비난받을 만한데, 약혼 기간이 길어지자 약혼녀 몰래 또 다른 여성을 만나 육체적인 쾌락을 나누기까지 했습니다.

이 일은 그가 과거의 삶을 참회하고 진정으로 종교에 귀의하기로 결심하는, 이른바 '회심' 이후로 평생 동안 커다란 죄책감을 안고 살게 되는 이유였습니다. 그는 온갖 욕망과 충동에 이리저리 끌려 다니는 자신의 모습에 환멸을 느끼게 되었던 것입니다. 자신의 마음속에 있는 사악하고 추한 욕망의 원인을 찾아서 없애 버리고 싶었습니다. 그러던 차에 마니교를 만나서 고민에 대한 해답을 찾게 되었습니다.

마니교는 3세기에 마니(Mani)가 설파한 선과 악의 이원론을 중심 교리로 하는 종교입니다. 처음에는 바빌로니아를 중심으로 페르시아에 전파되었고, 3세기 중엽부터는 이집트, 북아프리카, 시리아 등지로 퍼져 나갔습니다.

마니교의 가르침에 의하면 세계는 선과 악이 대립하는 곳입니다. 그들은 영적이고 정신적인 것은 선하지만, 물질적이고 신체적인 것은 악하다고 믿었습니다. 물질과 신체의 세계를 창조한 신은 악한 신이며, 인간은 빛과 어둠으로 나뉜 세계에서 갈등하는 존재라는 것입니다. 사악한 욕망의 원인은 인간 자신에게 있지 않고 인간 외부에 있는 어떤 악한 실체에 있는데 그러한 악한 실체가 인간 안에 들어와서 악행을 하도록 이끈다는 것입니다.

마니교를 알게 된 아우구스티누스는 자신의 격정, 분노, 욕정 그리고 물질적인 자연 세계 전체가 본래의 선한 세계에 속하지 않는다고 여기게 되었습니다. 그래서 그는 자기 안의 사악한 욕망의 원인을 어떤 악한 실체, 즉 자신의 '선한 영혼'을 속박하고 감금해 온 어둠의 세계에 돌림으로써 죄책감을 덜어 낼 수 있었습니다.

선과 악을 뚜렷하게 나누는 마니교의 이러한 이원론적인 관점은 세상에 존재하는 악과 고통을 매우 간단하면서도 이해하기 쉽게 설명합니다. 하지만 그런 만큼 지나치게 단순하다는 인상을 줍니다. 이와 유사한 방식의 설명은 동화나 만화영화 등에서 자주 만날 수 있습니다. 동화 속의 세상은 언제나 좋은 사람과 나쁜 사람으로 나뉘어 있습니다. 좋은 편과 나쁜 편이 싸우고, 마지막에는 언제나 좋은 편이 승리하는 것으로 끝나지요.

하지만 이는 어디까지나 어린이들을 위해 그렇게 설명하는 것일 뿐, 세상에 존재하는 선과 악이 그렇게 단순하게 해명될 리는 없습니다. 자신이 선하다고 믿고 행한 어떤 행위가 누군가에게는 피해를 입히거나 큰 죄악이 될 수도 있습니다. 선하게 사는 사람들이 항상 승리하는 것도 아닙니다. 오히려 악하게 사는 사람들이 현실 속에서 승승장구하는 모습을 볼 수 있습니다. 선과 악을 단순하게 구분하는 것은 자칫 무고한 사람들을 악으로 몰아 공격하여 희생시키는 커다란 비극을 낳을 수도 있습니다. 인류의 역사 속에는 그러한 사례가 무수하게 등장합니다.

아우구스티누스는 선과 악에 대한 마니교의 이원론적 설명에 점차 회의를 품기 시작하였습니다.

그때까지도 나는 죄를 짓는 것은 우리가 아니요, 우리 안에 있는 어떤 것이라고 생각했습니다. 그러므로 이러한 생각은 내 교만에 만족감을 주어서 스스로 잘못이 없다고 생각하게 했습니다. 따라서 내가 죄를 지었을 때도 그것을 내 죄로 당신(하나님)께 고백하여 용서를 받으려고 하기보다는(그것은 사실 당신께 지은 죄인데), 오히려 나 자신을 변명하고, 내 안에 있는, 나 아닌, 나도 모르는 어떤 것에 죄를 돌렸습니다.

악을 인간의 외부에 있는 어떤 독립된 실체로 간주하는 순간 악행은 어느덧 자신과는 무관한 것이 되고 맙니다. 악행을 저지른 자신의 잘못이 아니라는 것이지요. 아우구스티누스는 이런 생각을 진정한 해결책이 아니라고 여기게 되었습니다. 그리고 자신의 욕망부터 들여다보고자 했습니다. 인간의 내면세계에서 어떤 일들이 일어나는지 살펴보려는 것이었습니다. 이를 통해 그는 자신의 어린 시절부터 수도자가 된 이후의 욕망에 대해서까지 매우 솔직한 기록을 남겼습니다. 신을 향한 신앙고백의 형식으로 기록한 그 책이 바로 『고백록』입니다.

『고백록』은 아우구스티누스 자신이 경험한 가장 부끄러운 일까지도 모두 드러내면서 신에게 귀의하기까지의 과정을 소상하게 묘사하고 있습니다. 우리는 이 책을 통해서 인간이 어째서 사악한 욕망에 사로잡히게 되는지, 그리고 그 사악한 욕망으로부터 벗어나기 위해서는 어떻게 해야 하는지 그의 답변을 들을 수 있습니다.

수수께끼이자 심연인
인간의 욕망

젊은 시절에 경험했던 것처럼, 아우구스티누스는 때때로 이런저런 육체적 충동에 쉽게 이끌렸지요. 그러한 충동으로부터 벗어나기란 너무도 어려웠습니다. 심지어는 충동을 자제하려 하기보다 더욱더 적극적으로 자극적인 쾌락에 탐닉하기까지 하였습니다. 욕망이 자신의 삶을 그르치지 않도록 적절하게 제어하는 것은 그에게 결코 쉽지 않은 일이었습니다. 이성과 지성의 힘으로도 어쩔 수 없었고, 신의 은총이 아니고서는 거의 불가능에 가까운 것으로 여겨졌습니다.

인간의 내면을 주의 깊게 살펴보면서 아우구스티누스는 인간의 욕망이 그리 단순하지 않다는 것을 알게 되었습니다. 인간의 내면에는 서로 다른 욕망들이 충돌하고 있다는 것입니다. 젊은 여성들을 보면서 육체적 욕망을 느꼈지만, 또한 동시에 그것을 절제하려는 욕망도 함께 있었습니다. 자신의 출세를 위해 다른 사람을 이용하려는 욕망이 있는가 하면, 죄책감을 느끼며 도덕적

인 태도를 취하려는 욕망도 있었습니다. 선한 행동을 하려는 욕망이 있는 반면, 악한 행동을 하려는 욕망도 있었습니다. 이처럼 매우 상반된 욕망들이 자신의 마음속에 공존하고 있었던 것입니다.

아우구스티누스는 인간의 마음이야말로 좀처럼 알아내기 어려웠다고 말합니다. 인간의 마음이 갖고 있는 온갖 종류의 욕망과 충동, 정념과 감정은 이루 헤아릴 수 없을 만큼 복잡한 세계이기 때문입니다. 인간 자체가 하나의 수수께끼이자 깊은 심연이었습니다.

나는 나 자신에게 하나의 크나큰 수수께끼가 되었습니다. 나는 내 영혼에게 왜 이다지 슬퍼하며 나를 괴롭히는가 하고 물었지만 내 영혼은 답할 수 없었습니다.

인간이란 그 자신도 알 수 없는 깊은 심연입니다. 당신은 인간의 머리카락이 몇 개인가도 아시며, 그중 하나도 잃어버리시는 일이 없습니다. 그런데 인간의 가슴에 들어 있는 정념과 감정보다 인간의 머리카락을 세는 것이 훨씬 쉽습니다.

아, 제멋대로 구는
욕망이라니!

인간의 마음을 헤아리기란 머리카락을 세는 일보다 더 어렵고 복잡한 일이라는 것을 깨닫게 되면서, 아우구스티누스는 자신의 마음속에서 서로 상반된 힘이 싸움을 벌이고 있다는 것을 알게 되었습니다. 하나는 나쁜 짓을 하려는 자신의 욕망을 끊어 버리고 싶다는 마음이었고, 다른 하나는 여전히 나쁜 짓을 그만두고 싶지 않다는 마음이었습니다.

사실 아우구스티누스가 욕망 자체를 죄악시한 것은 아니었습니다. 인간의 욕망도 결국 신이 인간에게 준 선물이기 때문이지요. 하지만 인간의 마음속에는 놀랍게도 죄악 자체를 즐기려는 모습도 있었습니다. 죄악인 줄 알면서도 그것을 계속해서 저지르고 싶어 하는 욕망, 뿐만 아니라 쾌감까지 느끼는 자신을 발견한 것입니다. 참으로 당혹스럽기 짝이 없었습니다. 그에게 이러한 기억을 떠올리게 했던 사건은 어린 시절 배나무와 관련한 것이었습니다.

16세가 되던 해에 아우구스티누스는 집안 형편 때문에 마다우라에서 했던 공부를 잠시 중단하고 1년 동안 부모님의 집에서 쉬고 있었습니다. 당시 그는 동네 친구들과 어울려 밤늦게까지 돌아다니곤 했는데, 집 근처에 배나무가 하나 있었습니다. 그는 동네 친구들과 한밤중에 몰래 배나무에 열린 배를 한 아름 훔쳤습니다. 팔기 위한 것도, 그렇다고 먹기 위한 것도 아니었습니다. 한입 베어 물고는 그냥 버리거나 아니면 돼지들에게 던져 주었습니다. 순전히 장난삼아 도둑질을 한 것이었지요.

아우구스티누스는 그 시절을 회상하면서 아무런 뚜렷한 이유도 없이 못된 짓을 하고 또한 즐기는 자신의 모습을 발견합니다. 무엇을 얻으려 했던 것이 아니었고, 그저 배 도둑질 자체를 즐기기 위한 행위였습니다. "내 가련한 영혼이 탐낸 것은 그 배가 아니었습니다. 그보다 더 좋은 배가 얼마든지 나에게 있었기 때문입니다. 나는 훔치기 위하여 도둑질을 했다고 볼 수 있는데, 그것을 훔치자마자 내버렸기 때문입니다. 그 배에서 내가 만족을 느꼈던 것은 내 죄였으니 나는 바로 그것을 좋아했던 것입니다."

그는 자신이 그 행위를 전혀 부끄러워하지 않았던 점, 심지어 도둑질 자체를 즐거워했다는 점, 다시 말하자면 사악함 자체를 사랑할 수 있다는 점에 경악합니다. 인간이 사악함 자체를 사랑할 수 있다니! 배 도둑질 사건을 통해 아우구스티누스는 악이 인간의 내적 본성에서 비롯할 수 있다고 생각하게 됩니다. 악은 인간의 내면에 있는 일종의 어둠이기도 했습니다. "아, 부패여! 아, 생명의 괴이함이여! 죽음의 심연이여! 다만 옳지 않기 때문에 그 옳지 않은 일을 한 것에서 내가 그렇게 즐거울 수 있다니요!"

게다가 친구들에게 자랑하고픈 마음에 일부러 사악한 욕망을 부풀려서 과장하기도 하였습니다. "나는 그런 추행에서 내 또래의 청년들보다 못한 것을 창피하게 여길 지경이었습니다. 나는 육체의 쾌락뿐 아니라 허영 때문에도 즐겨 악을 행했습니다. 친구들로부터 흉잡히지 않고 찬사를 받고자 더욱더 악을 행했습니다. 심지어 자랑할 만한 죄가 없을 때는 실제로 범하지 않은 죄를 범한 것처럼 행동하기도 했습니다."

아우구스티누스는 이러한 경험을 돌아보며 인간의 욕망은 그 자체로는 악하지 않지만 죄악을 사랑하는 마음, 즉 사악한 의지와 결합될 때 비로소 사악한 욕망이 된다고 생각했습니다. 악이란 인간의 사악한 의지에서 비롯된다는 것이지요. 물론 인간의 욕망이 사악한 의지만을 따르는 것은 아니었습니다. 나쁜 짓을 하려는 의지를 거부하려는 선한 의지 또한 동시에 작용하고 있었습니다. 악한 의지만이 아니라 선한 의지를 따르는 욕망도 존재하는 것입니다.

이처럼 아우구스티누스는 인간의 마음이 모두 사악하다거나 아니면 모두 선하다는 식으로 규정하지 않습니다. 인간의 마음은 선하기도 하고 악하기도 하며, 이러저러한 의지들에 따라서 다른 모습을 지니게 됩니다. 그저 선하기만 한 사람도 없으며, 마찬가지로 악하기만 한 사람도 없다고 할 수 있습니다. 어느 의지를 따르느냐에 따라 매번 다른 생각과 행동을 하는 사람이 존재할 따름입니다. 다시 말해, 동일한 사람이 때에 따라서는 선하게 행동하기도 하고 악하게 행동하기도 하는 것입니다. 물론 선한 의지를 따르려고 더 많이 노력하는 사람과 그렇지 않은 사람을 구분할 수는 있을 것입니다. 그러나 이러한 구분이 선한 사람과 악한 사람을 구분하는 기준이 될 수는 없습니다.

앞에서 어린이들이 보는 동화나 만화영화 등이 선악의 이원론적 세계관을 가지고 있다는 이야기를 했습니다. 세상은 선한 사람과 악한 사람이 서로 대결을 하는 곳이며, 이러한 대결에서 언제나 선한 사람이 승리한다는 것이었죠. 하지만 아우구스티누스는 이러한 이원론적인 세계관을 거부합니다. 모든 사람은 마음속에서 선과 악의 대결을 경험하며, 그러한 대결의 결과에 따라 누구라도 악당 혹은 정의의 사도가 될 수 있는 것입니다. 영원한 악당도, 영원한 정의의 사도도 없습니다.

이처럼 인간의 마음속에 선과 악이 대결하고 있다면, 또한 그러한 대결이 불가피한 것이라면, 인간이란 불안으로부터 벗어날 수 없는 존재일 것입니다. 불안은 인간이 처해 있는 상황을 가장 잘 묘사하는 표현이라 할 수 있습니다.

불안 속의 인간

당신은 우리를 당신을 향해서 살도록 창조하셨으므로 우리 마음이
당신의 품 안에 쉬기까지는 불안할 수밖에 없나이다.

아우구스티누스의 『고백록』 첫 장에 나오는 유명한 표현입니
다. 여기서 말하는 불안은 어떤 외적인 위험 때문에 겪는 불안이
아닙니다. 오히려 인간의 내면세계 속에서 일어나는 불안이며,
인간이기에 겪어야 하는, 피할 수 없는 불안입니다. 그는 인간을
불안 속에 있는 존재로 규정합니다. 아우구스티누스는 인간이 겪
어야 할 이러한 불안에 대해 사도 바울의 언급을 통해서 확인하
고 있습니다.

나는 마음속에서는 하나님의 법을 즐거워하나, 내 몸속에서는 다
른 법이 있어서 내 마음의 법과 맞서서 싸우며, 내 몸속에 있는 죄
의 법에 나를 포로로 만드는 것을 봅니다. 아, 나는 비참한 사람입

니다. 누가 이 죽음의 몸에서 나를 건져 주겠습니까? (…) 나 자신은, 마음으로는 하나님의 법을 섬기고, 육신으로는 죄의 법을 섬기고 있습니다.

— 「로마서」 7:22-25

사도 바울은 인간을 갈등하는 존재로 봅니다. 인간은 한편으로는 하나님의 법을 따르고자 하지만, 다른 한편으로는 죄의 법을 따르고 있습니다. 하나님의 법과 죄의 법의 갈림길에서 어디로 가야 할지 알지 못한 채 이리저리 흔들리면서 살아가고 있습니다. 사도 바울은 자신이 비참한 사람이라고 토로합니다. 마음으로는 아무리 선한 행위를 추구하더라도, 현실에서는 악한 행위를 저지르고야 마는 것이 바로 인간의 모습입니다. 선과 악 사이에서 늘 갈등하며 살아갈 수밖에 없기에 인간의 삶이란 고단할 수밖에 없습니다. 인간 자신의 힘만으로는 도무지 어쩔 수 없다는 탄식이기도 합니다. 아우구스티누스도 사도 바울과 마찬가지로 인간이 처한 이러한 상황에 대해 다음과 같이 말하고 있습니다.

영원한 기쁨은 위에 있고 일시적인 것들에 대한 감각적인 즐거움은 아래에서부터 나를 끌어당기고 있습니다. 동일한 하나의 영혼이 이것을 원하는 동시에 저것을 원하고 있는 것입니다. 그러나 그 욕망을 일으키는 의지는 한 인간의 전부가 아니라 단지 부분에 해당하는 것입니다. 그러므로 영혼은 이 갈등의 무게를 이기지 못하고 찢어져 버리게 됩니다.

아우구스티누스가 보기에 인간의 마음은 하나의 단일한 의지에 의해 지배되지 않습니다. 동일한 사람에게서조차 선하게 살려는 의지와 악한 것을 추구하는 의지, 자신을 내세우고픈 의지와 스스로 낮추려는 의지 등 여러 가지의 의지들이 동시에 표출이 됩니다. 인간의 마음속에는 선을 향한 의지와 악을 향한 의지, 두 가지만 있는 것이 아니라 무수하게 많은 본성들이 서로 충돌하고 있는 것입니다.

한 사람 안에 서로 대립되는 의지가 많이 있듯이 서로 대립되는 본성이 많이 있다면, 실은 사람 안에 두 본성만 있는 것이 아니라 많은 본성이 있다고 보아야 합니다. (…) 사람의 영혼은 서로 상반되는 네 가지의 의지에 의하여 아니 더 많은 상반된 욕구의 수에 따라 더 많이 헷갈려 분열되게 됩니다. (…) 이 모든 하고 싶어 하는 의지는 좋은 것만은 사실입니다. 그러나 그중에서 하나의 의지가 선택될 때까지는 모든 의지들이 분쟁을 하게 됩니다. 이렇게 하다가 하나가 선택이 되면 이전에 여러 방면으로 나누어져 있던 그 의지가 안정이 되고 하나가 됩니다.

이처럼 각기 다른 의지들이 서로 충돌하고 있기 때문에, 인간은 이러한 의지들 사이에서 방황하고 불안해하는 존재일 수밖에 없다는 것입니다.

우리는 불안으로부터
해방될 수 있을까?

우리는 흔히 욕망이나 충동에 잘 흔들리지 않고 합리적으로 판단하고 행동하는 사람을 가리켜 '이성적인 사람'이라고 부릅니다. 이성이 욕망을 지배할 수 있다고 보기 때문입니다. 인간과 동물을 구별하는 기준도 '이성'의 유무에 있다고 여깁니다. 이성이 동물적인 욕망이나 충동을 억누를 수 있다는 것입니다. 사실 이성에 대한 이러한 통념은 근대적 인간관에서 비롯한 것입니다.

근대적 인간관에 따르면 인간은 어떤 외적인 도움 없이도 독자적으로 진리를 인식할 수 있는 확고부동한 인식 주체입니다. 데카르트에 따르면 인간의 정신은 어떠한 의심에도 더 이상 의심될 수 없는 확실한 실체로서, 하나의 단일한 의식에 의해 지배되고 있습니다. 인간의 의식이 여러 개로 분리되어 있다면 인식의 확실성은 보장될 수 없으며 인간은 분열적 주체가 되고 맙니다. 하지만 이성을 올바르게 사용하기만 한다면 인간은 감각과 충동의 훼방을 극복하고 단일한 의식을 지닌 독립된 인식 주체의 지위를 확고하게 지킬 수 있다는 것입니다.

하지만 아우구스티누스의 인간관은 이러한 근대적 인간관과는 뚜렷한 차이를 보입니다. 아우구스티누스에게 인간의 의식이란 내면세계에서 지극히 미미한 영향력을 지닐 뿐입니다. 의식의 힘으로 의지나 욕망을 통제하는 것은 거의 불가능에 가깝습니다. 오히려 온갖 종류의 의지들이 싸움을 벌이는 가운데 인간의 의식은 이리저리 흔들리고 있다는 것이지요.

이와 같이 의식이란 자기 자신을 파악하기조차 어려울 정도로 협소한 것에 지나지 않습니다. (…) 여기서 크나큰 경이감이 나를 엄습하였고 나는 이 모든 일들에 대한 걷잡을 수 없는 놀라움 속에서 어찌할 바를 알지 못하고 있습니다. 여기서 사람들이 할 수 있는 일이란 망연자실하여 나날의 흐름을 따라 살아가는 것이 전부일 따름입니다.

아우구스티누스가 서로 다른 의지들의 충돌에 따라 흔들리는 인간 내면의 모습을 보여 주었다면, 프로이트는 아예 인간의 정신이 서로 다른 무의식들에 의해 지배되어 분열을 경험할 수밖에 없다는 것을 보여 주었습니다. 프로이트는 인간의 무의식 안에서 이러저러한 충동과 욕망을 따르는 이드와 그러한 충동과 욕망을 억누르려는 초자아가 서로 충돌을 하고 있다고 보았습니다. 인간이란 서로 다른 무의식들이 난무하는 분열적인 주체였던 셈이지요. 아우구스티누스는 인간의 정신에 대해 이렇게 말합니다. "오, 나의 하나님, 그러면 나는 무엇입니까? 나의 본성이란 어떠한 것입니까? 정말로 복잡하고 다양한 생명이므로 그것을 측량할 수 없습니다. 내 기억의 넓은 들과 동굴의 깊이를 들여다볼 때, 나는 거기에서 무수한 종류의 것들이 한없이 간직되어 있음을 발견하게 됩니다."

내면세계의 불안을 통해서 인간을 이해하려는 아우구스티누스의 시도는 플라톤을 비롯한 서구 형이상학에서 인간을 이해하는 방식과 상당히 다릅니다. 서구 형이상학에서는 대상에 대한 감각적 경험을 재료로 하여 이성을 통해 논리적으로 인식하여 대상을 이해했습니다. 이렇게 하여 대상의 본질을 파악할 수 있다고 본 것입니다. 이를테면 인간이라는 대상을 이해하려면 인간의 사고방식이나 행동을 경험적으로 파악하고 논리적으로 고찰하여 인간의 본질을 파악하는 것으로 나아가야 합니다.

아우구스티누스가 인간을 이해하는 방식은 이와 전혀 달랐습니다. 그는 '불안'이라는 기분, 또는 감정을 통해 인간을 이해하려 했습니다. 서구 형이상학의 전통에서 보자면, 인간이 느끼는 기분이나 감정을 통해서는 인간의 본질을 파악할 수 없습니다. 하지만 아우구스티누스는 불안이야말로 인간이 실제로 어떤 방식으로 존재하는지 보여 주는 가장 중요한 지표라고 보았지요.

그에게 불안이란 단순히 어떤 기분 혹은 감정이 아니라, 현실의 삶에서 인간이 실제로 존재하는 양상을 있는 그대로 나타내 주는 것이었습니다.

불안을 통해서 인간을 이해하려는 아우구스티누스의 새로운 시도는 근대적 인간관과 인식론이 갖는 한계를 극복하려는 사상가들에게 매우 중요한 참조가 되었습니다. 키에르케고르는 아우구스티누스와 마찬가지로 불안을 인간의 실존을 이해하는 가장 중요한 지표로 삼았습니다. 키에르케고르에게 불안은 인간이기에 겪는 불가피한 현실이었습니다. 인간의 삶은 논리적인 법칙이나 철학적인 체계로 설명될 수 있는 것이 아니었고, 인간은 매 순간 어떤 삶을 살아가야 할지 선택을 해야만 하는 기로에 서게 된다는 것입니다. 따라서 인간이라면 불안을 느낄 수밖에 없다는 것입니다.

하이데거를 비롯한 많은 현대 철학자들에게도 이러한 생각이 이어졌습니다. 하이데거는 어느 누구라도 자신이 태어날 시간과 장소를 정할 수 없으며, 자신의 의사와 무관하게 이 세상에 내던져져 있다고 보았습니다. 인간은 어디에서 와서 어디로 가는 것인가? 삶이란 무엇이고, 죽음이란 무엇인가? 이러한 질문에 어느 누구도 쉽게 답을 주지 못하며, 사람들은 삶의 의미에 대한 해답을 모른 채 늘 불안이라는 기분을 안고서 그저 묵묵히 살아갈 따름입니다.

다시 불안에 관한 아우구스티누스의 생각으로 돌아가 봅시다. 인간의 불안은 내적 요인으로만 생겨나는 것은 아니었습니다. 그는 인간의 의지와 욕망에 영향을 끼치는 여러 요인들을 지적합니다. 이를테면, 사회적 관습이 그 하나입니다. 우리는 다른 사람이 욕망하는 것을 따라 욕망하게 되며, 그러한 욕망을 당연한 것으로 간주합니다. 주변 사람들이 새로운 상품을 사용하는 것을 보면, 어느덧 자신도 그것을 갖고 싶다는 욕망에 사로잡히지 않나요? 그것을 사용하는 사람이 많을수록 이러한 욕망은 더 커집니다. 그래서 우리는 "누구도 거스를 수 없는 관습의 물결" 속에 휩쓸려 가지 않을 수 없다는 것입니다.

이는 그저 일시적인 현상만을 의미하지 않습니다. 사회적 관습이 만들어 낸 욕망은 인간의 역사 속에서 다른 모습으로 바뀌면서 이어져 내려왔습니다. 예를 들어 여성을 성적 향락의 대상으로 삼는 문화는 고대나 중세, 그리고 오늘날에 이르기까지 모습만 달리할 뿐 계속해서 나타났습니다. 아우구스티누스는 인간의 욕망이 역사적으로 형성되어 온 것이라는 점을 말합니다. "우리 이전의 많은 사람들도 같은 길을 걸어 이 슬픔의 길을 걸어가야 할 전례를 만들어 주었으니, 우리들도 아담의 후손들에게 수고와 슬픔을 더해 주면서 할 수 없이 그 길을 걸어가야 했습니다."

이러한 사회적 관습은 인간의 왜곡된 의지에 의해 생겨난 것이기도 합니다. 인간의 왜곡된 의지가 욕정을 낳고, 그러한 욕정을 계속 추구함으로써 습관이 생겨나며, 결국 의지는 이러한 습관을 계속적으로 따르면서 사회적 관습을 만들어 내었다는 것입니다. 아우구스티누스는 습관과 욕망이 만들어 내는 악순환의 고리를 다음과 같이 설명합니다. "나는 다른 사람의 쇠사슬에 의해서가 아니고 바로 나 자신의 의지의 쇠사슬에 의해 묶여 있었습니다. 그렇게 된 것은 내 의지가 왜곡되어 욕정(libido)이 생겼고, 욕정을 계속 따름으로 습관이 생겼으며, 그 습관을 저항하지 못해 필연이 생겼기 때문입니다. 이것들은 쇠사슬의 고리처럼 서로 연결되어 나를 노예의 상태에 강하게 붙들어 매어 놓았습니다."

그렇다면 이러한 악순환의 고리를 끊으려면 어떻게 해야 할까요? 아우구스티누스가 찾은 길은 오직 새로운 의지를 확보하는 길뿐이었습니다. 그는 두 종류의 의지 사이에서의 갈등하고 있었습니다. 옛 사람과 새 사람, 즉 예전처럼 욕망에 따라 충동적으로 살아가려는 의지(옛 사람)와 이로부터 벗어나 새롭게 살아가려는 의지(새 사람) 사이에서 갈등하고 있다는 것입니다. 그는 이를 육신을 따르는 자아와 영적인 자아가 벌이는 싸움으로도 묘사합니다. 하지만 아우구스티누스는 자신의 힘만으로 이로부터 벗어날 수 없었다고 고백합니다. 그가 이러한 악순환에서 벗어날 수 있

욕망, 고전으로 생각하다

아우구스티누스의 회심 프라 안젤리코가 1430~1435년경 그린 그림이다.

었던 것은 이른바 '회심'(回心)의 사건을 통해서였습니다.

아우구스티누스가 말하는 '회심'의 사건은 비단 종교적인 의미에 국한되는 것은 아닙니다. 자신의 삶 전체, 자신의 존재 자체가 모두 뒤바뀔 정도의 어떤 커다란 '경험'이 그러한 회심을 가져올 수도 있습니다. 이를 통해 기존의 삶을 청산하고 새로운 삶으로 나아가게 되는 것입니다. 그는 자신의 힘만으로는 이러한 악순환의 고리로부터 벗어날 수 없었고, 오직 '회심'의 사건을 통해서 비로소 출세에 대한 야망, 경제적인 성공에 대한 욕망, 육체적 욕망

등 기존의 욕망들로부터 자유로워질 수 있었다고 말합니다. "이제 내 영혼은 명예와 이득과 간질거리는 정욕을 긁고 뒹구는 괴로운 불안에서 해방되었습니다. 오, 나의 주 하나님이여, 그러므로 나는 나의 명예, 나의 부(富), 나의 구원이 되신 당신에게 친근하게 이야기하고 있었습니다."

욕망, 고전으로 생각하다

절대자가 되고픈 인간의 욕망,
휘브리스

아우구스티누스에게 인간 본성이 갖는 사악함, 죄의 문제는 마니교처럼 어떤 실체나 본질의 문제가 아니라 신에 대한 인간의 태도와 관련되어 있습니다. 죄는 어떤 구체적인 범죄 행위만을 뜻하는 것이 아니라, 신의 선한 뜻을 따르지 않고 오히려 마음대로 행하려는 '의지'의 문제라는 것입니다. 아우구스티누스는 스스로 신이 되려고 했던, 그래서 신처럼 모든 것을 지배하려는 의지를 가리켜 휘브리스(hybris)라고 부릅니다. 이 용어는 교만, 오만이라는 의미도 있지만, 인간 자신을 내세우고 스스로 신이 되려는 욕망과 관련되어 있다는 점에서 '자기-높임', 혹은 '자기-내세움'으로 번역할 때 그 본래의 의미가 더 잘 드러납니다. "인간의 교만(hybris)은 당신의 높으심을 흉내 내고자 합니다."

휘브리스. 그것은 인간이 자기 자신을 드높이려는 욕망입니다. 이러한 욕망은 궁극적으로는 신과 같은 절대자가 되려 하는 욕망으로 나아갑니다. 그리고 다른 인간들과 자연 만물을 지배하려는 것이지요. 아우구스티누스는 이러한 휘브리스가 인간의 모든 죄악의 뿌리라고 말합니다.

아담과 하와의 죄악이 인간의 모든 죄악의 원형인 것도 이러한 이유에서입니다. 선악과 사건에 대해 들어 본 적이 있을 것입니다. 에덴동산에서 살던 최초의 인간 아담과 하와의 이야기이지요. 그들은 어느 날 신으로부터 선악과를 먹지 말라는 말씀을 듣습니다. 먹으면 죽게 된다는 것이었지요. 하지만 어느 날 뱀이 와서 아담과 하와를 유혹합니다. 선악과를 먹으면 하나님처럼 될수 있다고 말합니다. 이에 아담과 하와는 선악과를 먹고 에덴동산에서 추방되었지요.

아우구스티누스에게 선악과 사건이 인간의 모든 죄악의 원형이 되는 이유는 아담과 하와가 신의 뜻을 거부하고 스스로 신처럼 되려는 의지를 드러냈기 때문이었습니다. 신이 세상을 창조한 질서에 의하면, 인간은 결코 신이 될 수 없습니다. 인간은 신과 같은 최고 존재가 되어 모든 것을 지배하는 절대자가 될 수 없다는 것입니다. 하지만 아담과 하와는 신의 뜻을 어기고 스스로 신처럼 되기를 욕망했습니다. 그런 점에서 선악과를 먹기 이전부터 그들의 의지는 신의 뜻에서 멀어지기 시작했다는 것입니다.

성경은 인간의 이러한 휘브리스로 인해 살인과 전쟁이 그치지 않는 세상이 되었다고 전합니다. 사람들은 신의 뜻을 어기고 스스로 최고의 존재가 되고자 했습니다. 그리고 이러한 욕망은 부와 권력을 독차지하기 위해 서로가 서로를 대적하며 살아가는 세상을 만들었습니다. 휘브리스의 이러한 열망은 구약성경의 창세기 11장에 나오는 바벨탑 건축에서 적나라하게 표출됩니다. 사람들은 전쟁을 통해 자신들의 힘을 확장했고 커다란 도시를 건설합니다. 그들은 다음과 같이 말합니다. "자, 도시를 세워서 그 가운데에 탑을 높이 쌓도록 하자. 그 탑의 꼭대기가 하늘에 닿게 하여 우리 자신의 이름을 드높이고, 이 도시에서 흩어지지 말고 살아가도록 하자."(「창세기」, 11:4)

바벨탑이 보여 주는 것은 자신의 힘을 확장해 하늘에 있는 신의 자리에까지 이르겠다는 인간의 욕망입니다. 인간이 자기 자신을 내세워서 드높이려는 열망, 즉 휘브리스는 인간이 인간을 지배하는 세상을 만들어 내고, 더 나아가 신의 자리를 차지하여 온 세상을 지배하는 주인이 되고픈 열망으로 이어집니다. 그 욕망의 한계가 대체 어디인지 끝이 보이지 않을 정도입니다.

아우구스티누스는 휘브리스로서의 인간의 본성을 갓 태어난 아기에게서도 발견합니다. "태어난 지 하루밖에 안 된 어린 아기라 할지라도 죄 없다고 할 수는 없습니다." 아우구스티누스에게 유아는 아무런 죄가 없는 순결한 존재가 아니었습니다. 그는 자신의 유아기를 회상하면서 인간이란 태어나면서부터 이기적이고 탐욕적인 존재라고 말합니다. 아기들은 자기 엄마로부터 관심을 끌기 위해 울며 떼를 씁니다. 심지어 배가 부른데도 자기 엄마의

젖을 혼자 독차지하려고 다른 아기를 질투합니다. 여기서 그가
발견한 것은 태어나기 전부터 인간의 본성에 자리하는 휘브리
스, 즉 자신의 마음대로 대상을 차지하고 지배하려는 충동이었
습니다.

자기 자신을 낮추고 비우는 삶, 케노시스

이러한 휘브리스와 상반되는 개념은 케노시스(kenosis)입니다. 케노시스는 '자기-낮춤' 혹은 '자기-비움'을 의미합니다. 아우구스티누스가 생각하기에 이러한 자기-낮춤을 가장 잘 보여 주는 것은 예수 그리스도의 성육신과 십자가 사건이었습니다. 하나님이 인간의 육체로 이 땅에 태어나신 것 자체가 자신을 낮춘 것을 의미했습니다. 예수 그리스도의 생애 또한 인류의 죄, 곧 휘브리스를 극복하기 위하여 십자가에 처형당하기까지 겸손하게 자신을 낮추고 섬기는 모습으로 일관하였다는 것입니다.

인간의 휘브리스가 극복되는 것, 즉 사악한 인간의 본성이 본래의 순수한 모습으로 회복되는 구원의 길은 바로 그리스도가 보여 준 케노시스에 의해서 주어집니다. 인간의 마음속에 있던 본래의 선한 의지는 선악과 사건 이후로 훼손되고 말았습니다. 인간이 휘브리스를 통해 타락의 길을 걸어갔지만, 예수 그리스도는 케노시스를 통해서 인간과 이 세상을 구원의 길로 이끄신다는 것

입니다. 인간이 자기 스스로를 높이는 방식으로는 결코 신에게 다다를 수 없습니다. 오히려 그와 반대로 자기 스스로를 낮추고 비울 때에야 비로소 신에게 이를 수 있다는 것입니다.

아우구스티누스가 강조한 자기-낮춤, 자기-비움은 중세의 신학자들이나 현대 철학자들에게도 적잖은 영향을 끼쳤는데, 중세 신학자 마이스터 에크하르트는 이를 '내려놓음'(Gelassenheit)이라는 개념으로 표현했습니다. 즉, "자기를 부정하고 그리스도를 따르는 것"입니다. 이를 위해서는 우선 자신의 욕심에 집착하며 살아가는 태도부터 바꾸지 않으면 안 됩니다. 사람들은 신조차 자신의 욕심을 실현시켜 주는 존재로 여깁니다. 하지만 에크하르트는 신에 대한 이러한 자기중심적인 사고에서 벗어나라고 말합니다. 즉, 휘브리스로서의 자기 자신을 내려놓고(자기 부정), 그리스도의 케노시스를 따라 겸손하게 살아갈 때 비로소 신에 대한 참된 인식이 이루어질 수 있다는 것입니다.

에크하르트가 말하는 '내려놓음'은 현대에 이르러 하이데거에게서 새로운 의미로 재탄생하게 됩니다. 하이데거는 오늘날의 서구 근대 문명에서 자신을 내세우고 대상을 지배하려는 도발적인 의지, 즉 힘을 추구하려는 의지를 발견합니다. 이를 통해 현대인들은 자신의 진정한 본질을 잃어버렸고 삶의 의미를 찾지 못한 채 방황하며 살아가고 있다는 것입니다. 하이데거는 근대 문명의 이러한 자기중심적 태도에서 벗어나 초연히 '자신을 내맡기는' (Gelassenheit) 삶의 자세가 필요하다고 말합니다. 이를 통해 오늘날 현대 사회가 직면한 위기를 해결할 수 있으리라고 보았습니다.

이러한 자기−낮춤, 즉 케노시스의 원리는 아우구스티누스의 사상에서 매우 중요한 개념입니다. 자기 자신을 내세워서 인간과 세상을 지배하려 하고 심지어 신의 자리에 앉아 군림하려는 의지와 욕망으로부터 벗어나, 신의 말씀에 귀 기울이고 자신을 낮추어 겸허히 살아가는 삶이야말로 아우구스티누스가 평생 동안 추구했던 것이었습니다. 여기에 인간의 진정한 구원이 있다는 것이었지요.

여기서 자칫 아우구스티누스가 욕망 자체를 없애 버리거나 포기해야 할 것으로 보았다고 생각될 수도 있습니다. 하지만 결코 그렇지 않습니다. 앞에서도 언급했듯이, 아우구스티누스는 욕망 자체를 악한 것으로 간주하지 않았고, 없애 버려야 한다고도 여기지 않았습니다. 욕망을 신이 인간에게 준 선물로 보았기 때문에 이를 죄악시하지 않았습니다. 욕망이 문제가 되는 것은 무엇에 대한 욕망이냐에 달려 있었습니다. 즉, 욕망의 대상이 무엇인가에 따라 선한 욕망과 악한 욕망이 구분된다는 것입니다.

또한 아우구스티누스는 두 가지로 사랑을 구분합니다. 하나는 영원한 존재, 즉 창조주에 대한 사랑, 즉 '카리타스'(caritas)입니다. 그리고 다른 하나는 일시적인 존재, 즉

신의 피조물인 자연 만물들에 대한 사랑, '쿠피디타스'(cupiditas) 입니다. 영원한 존재인 창조주에 대한 사랑에서는 선한 욕망이 나오지만, 일시적인 존재인 자연 만물들에 대한 사랑에서는 악한 욕망이 나오게 됩니다.

그렇다고 해서 일시적인 것, 세속적인 것을 사랑하는 것 자체가 잘못은 아닙니다. 쿠피디타스가 문제가 되는 것은, 일시적인 것을 마치 영원한 존재인 신인 것처럼 추구하고 집착하기 때문입니다. 이를테면, 사람들이 동식물들을 아끼고 사랑하는 것은 전혀 문제가 되지 않습니다. 하지만 그것을 절대적인 것으로 여기고 집착할 경우엔 사정은 전혀 달라집니다. 그것은 자연 만물을 진정으로 아끼고 사랑하는 것이 아니라, 인간의 어리석고 이기적인 욕망을 채우기 위한 맹목적인 집착이라는 것이지요.

아우구스티누스는 인간의 이기적 욕망이 우상숭배를 낳는다고 보았습니다. 일시적인 것, 자연 만물들, 세속적인 것에 대한 사랑은 어디까지나 그것들이 상대적이고 부분적인 존재임을 전제한 상태에서 이루어지는 사랑입니다. 이를테면, 재물에 대한 욕망 그 자체가 나쁜 것은 아닙니다. 하지만 재물만을 절대시하면서 재물 이외의 모든 것을 부차적인 것으로 간주하는 것은 나쁜 것이 됩니다. 재물을 위해 모든 것을 수단으로, 심지어 다른 사람의 목숨까지도 자신의 욕망을 채우기 위한 수단으로 전락시키기 때문입니다. 일시적이고 세속적인 것을 절대시하려는 사람들의 모습에서 아우구스티누스는 인간의 사악한 욕망을 발견합니다.

한편, '카리타스'로서의 사랑은 이와 다릅니다. 아우구스티누스는 인간이 신과 이웃을 사랑하면서 살아가도록 창조된 존재이기 때문에 당연히 이러한 사랑으로부터 선한 욕망이 생겨난다고 보았습니다. 인간은 신을 사랑하게 됨으로써 일시적인 것, 세속적인 것에 대한 집착에서 벗어나고, 동시에 그것들을 진정으로 아끼고 사랑할 수 있는 선한 욕망을 지니게 됩니다.

하지만 신에 대한 잘못된 사랑도 있을 수 있습니다. 이를테면, 신을 빙자해서 자신의 욕심을 채우려는 행위입니다. 신과 이웃을 위해서 선행을 한다고 하지만, 자신의 명예욕이나 자기과시욕일 수도 있는 것입니다. 이보다 더 심각한 경우는 자신의 욕망을 채우기 위한 행위를 신의 뜻이라고 주장하면서 정당화하는 것입니다. 이를테면 유럽 제국 열강들이 식민지 쟁탈전을 벌일 때, 그들은 이를 신의 뜻으로, 식민지 국가의 낙후된 현실을 개선하기 위한 것이라고 주장하였습니다. 자신의 욕망을 채우기 위한 행동이면서도, 이를 신의 뜻이라고 강변하면서 정당화하고자 한 것입니다. 항상 신을 사랑한다고는 말하지만, 사실은 신을 마치 일시적인 존재처럼 자신의 욕망을 실현시키기 위한 수단으로 삼는 것에 불과합니다.

'하늘 무서운 줄 모르는 사람'이라는 표현이 있습니다. 자신이 마치 신이라도 된 것처럼, 모든 사람들 위에 올라서서 안하무인으로 살아가려는 사람을 가리킵니다. 아우구스티누스는 모든 인간의 본성에 신이 되고자 하는 열망, 혹은 신을 빙자해서 자신의 욕심을 채우려는 열망이 자리하고 있다고 보았습니다. 그러나 신 앞에서 겸허히 살아가는 삶, 아우구스티누스는 그것이 인간 본연의 모습이어야 한다고 여겼습니다.

사랑하라, 그리고
하고 싶은 것을 행하라!

지금까지 욕망에 관한 아우구스티누스의 생각을 함께 살펴보았습니다. 서두에 말씀드린 대로, 젊은 날의 방황과 고뇌는 욕망에 관한 아우구스티누스의 생각에 커다란 영향을 끼쳤습니다. 그래서 욕망에 대한 견해가 대체로 부정적인 것도 사실입니다. 하지만 인간의 내면에 대한 그의 심도 깊은 성찰은 오늘날까지도 욕망에 관한 가장 풍부하고도 중요한 이론적 근거를 제공하고 있습니다.

이제 아우구스티누스의 욕망에 관한 이야기의 최종 결론을 내려야 할 것 같습니다. 우리는 욕망에 대해 어떤 태도를 지녀야 할까요? 아우구스티누스는 어떤 해결책을 우리에게 제시해 주고 있는 걸까요? 금욕과 절제가 해답인 것일까요? 욕망을 포기해야만 하는 걸까요? 이에 대한 답변을 아우구스티누스가 신약성경의 「요한 1서」에 대해 언급한 내용으로 대신하고 싶습니다.

사랑하라! 그리고 그대가 하고 싶은 것을 행하라.

말을 삼가려거든 사랑으로 삼가라.

말을 하려거든 사랑으로 말하라.

다른 사람을 올바르게 잡아 주고 싶다면 사랑으로 올바르게 잡아
주라.

용서하고자 한다면 사랑으로 용서하라.

그대 마음의 저 깊숙한 곳에 사랑의 뿌리가 드리게 하라.

이 뿌리에서는 선 이외의 다른 어떤 것도 나올 수가 없으니.

─「요한 1서 해설」, 7장 8절

아우구스티누스에게서 욕망에 관한 하나의 규범을 찾는다면, 그것은 바로 "사랑하라"는 것입니다. 사랑에 근거했다면 어떠한 욕망도 자유로이 추구할 수 있다는 것이지요. 사랑에서 비롯한 욕망은 선(善) 이외에 다른 것일 수 없다고요. 사실 회심 이후 평생을 독신으로 살면서 수도 생활을 했던 아우구스티누스가 우리에게 보여 준 금욕적 삶에 비추어 볼 때, 이러한 언급은 매우 파격적인 것처럼 들립니다. 사랑하기만 한다면 자기 마음대로 해도 된다는 것이니까요.

여기서 아우구스티누스가 강조하고 있는 것은 욕망의 종류가 아니라 욕망이 지향하는 방향이라는 점을 유념할 필요가 있습니다. 어떤 욕망이든지 그 욕망이 지향하는 방향이 신을 사랑하고

다른 사람을 사랑하는 것이라면 선한 욕망일 수밖에 없다는 것입니다. 거짓말조차 상대방을 배려하는 마음에서 비롯한 것일 테니까요. 반대로, 자기 자신을 내세워 스스로 신처럼 되고자 하고 다른 사람들을 자기 마음대로 지배하려는 마음에서 비롯된 욕망이라면 그 어떤 욕망도 악한 욕망일 것입니다. 그러한 마음에서 비롯되었다면 선행을 베풀려는 욕망조차도 사랑을 가장한 탐욕에 불과할 것입니다.

자, 그러면 여러분은 어떠한 욕망을 추구하고 싶은가요? 저도 아우구스티누스처럼 여러분께 이렇게 말씀드리고 싶습니다. 여러분, 사랑하십시오. 그리고 여러분이 하고자 하는 대로 자유로이 행하시길 바랍니다!

3

욕망을
긍정하는 윤리학,
어떻게
가능한가?

베네딕트 데 스피노자 『에티카』

손기태

자유로운 인간은

자신에게 중요하다고 판단되는 것,

자신이 욕망하는 것을 행하지만,

예속된 인간은

자신이 알지 못하는 것을 행하며

원치 않는 일을 행하게 된다.

−『에티카』

욕망, 과연 부정적으로
보아야 할까?

밀랍으로 붙인 날개를 달고 하늘을 나는 것이 신기하고도 즐거웠던 이카로스. 그는 아버지의 경고에도 불구하고 점점 더 높이 하늘을 향해 날아오릅니다. 하지만 결국 밀랍이 녹으면서 땅에 떨어져 죽고 맙니다. 새로운 세계를 동경하던 이카로스의 욕망은 스스로를 파멸시키는 결과를 초래하고 말았던 것이지요. 금지된 욕망을 품은 것에 대한 벌이었을까요?

그리스 신화 속 이카로스의 이야기에서처럼 대부분의 전통적 견해들은 욕망에 대해 인간을 파멸에 이르게 만드는 위험한 것으로 보았습니다. 아니면, 인간의 마음을 타락하게 만드는 저주스러운 본능이라 여겼지요. 욕망이란 매혹적이라서 그것을 추구하는 순간만큼은 즐거운 것 같지만, 결국에는 인간을 파멸과 타락에 이르도록 만든다고 말입니다. 보기에도 탐스러웠던 금단의 열매 선악과를 먹은 후 낙원에서 추방된 아담과 하와의 이야기가 가장 대표적이라고 할 수 있겠습니다. 많은 전설이나 신화, 문학 작품, 그리고 여러 종교나 철학자로부터도 우리는 비슷한 경고를 들을 수 있습니다. 욕망이란 인간을 불행하게 만드는 것이므로, 진정한 행복을 얻기 위해서는 이러한 욕망으로부터 벗어나야 한다고 말이지요.

그런데 여기서 짚고 넘어갈 점이 있습니다. 욕망이 인간의 자연스러운 본성에서 비롯한 것이라면, 욕망을 만들어 내는 인간의 본성 자체에 무언가 문제가 있다는 얘기가 되지 않을까요? 만일 그렇다면 이는 기독교의 영향력 아래에 있던 서구 철학에서 볼 때 더 난감한 문제를 야기합니다. 인간의 본성에 어떤 문제가 있다면 그것을 창조한 신에게 그 책임을 돌릴 수밖에 없기 때문입니다. '신이시여, 어째서 인간에게 타락할 수밖에 없는 욕망을 갖도록 창조하셨습니까?'

그렇다면 우리는 욕망을 부정적인 것으로 규정하는 것이 과연 적절한 것인지 반문을 던질 수밖에 없습니다. 여러분에게 소개할 베네딕트 데 스피노자(Benedictus de Spinoza, 1632~1677)가 바로 그러한 질문을 던진 철학자였습니다.

스피노자는 욕망에 대해 부정적으로 바라보던 전통적 견해를 비판하면서 욕망이 이성에 비해 부차적인 것이 아니라고 보았습니다. 욕망을 빼놓고는 인간의 행복을 이야기할 수 없다는 것입니다. 심지어 그는 욕망이 인간의 본질 자체라고 말하기도 했습니다. 이러한 그의 주장은 욕망에 대한 기존의 전통적 견해와 비

스피노자 네덜란드의 철학자. 인간의 본성에 대해 다룬 『에티카』, 신학과 민주주의 문제를 다룬 『신학정치론』 등을 썼다.

교해 볼 때 매우 파격적이고도 이질적입니다. 그동안 많은 철학자들이 욕망을 비판하기는 했지만 정작 욕망 자체에 대해서는 제대로 탐구해 본 적이 없었다는 것이 스피노자의 지적입니다. 욕망이 무엇인지 잘 알지도 못한 상태에서 무조건 이를 비판하고 금기시하는 것은 부당하다는 것이지요.

그들은 인간의 무능력과 무상(無常)의 원인을 공통적인 자연의 힘에 돌리지 않고, 내가 알지 못하는 인간 본성의 결함에 돌린다. 그러므로 그들은 이와 같은 인간 본성을 한탄하고 조소하거나 멸시하고, 또는 가장 자주 일어나는 일이지만 저주한다. (…) 증오, 분노, 질투 등의 정서도 그 자체로 고찰한다면, 여타의 개별적인 것과 마찬가지로 동일한 자연의 필연성과 힘에서 생겨난다.

스피노자는 욕망에 대해 도덕적이고 종교적으로 재단하던 전통적 견해와는 전혀 다른 방향에서 접근하고자 합니다. 놀랍게도 그는 선, 면, 물체를 다루는 기하학적 방식으로 욕망에 대해 분석하겠다고 말했습니다. 그가 말하는 기하학적 방식이란 대상에 대한 일체의 선입견이나 편견을 배제하고 욕망을 오직 과학적으로 분석하는 것을 의미했습니다. 스피노자에게 욕망이란 그 자체로 선하거나 악하지 않으며, 자연 안에서 일어날 수 없는 어떤 초자연적 현상도 아니었습니다. 욕망이란 자연에서 일반적으로 일어나는 여타의 현상들과 전혀 다르지 않다는 것입니다. 따라서 욕망에 대해서도 자연 사물들을 다루는 것과 마찬가지로 기하학적 방식에 따라 분석하겠다고 말했던 것입니다. 서구 철학자들 가운데 욕망에 관해 스피노자만큼 독특한 분석 방식을 취한 철학자도 거의 없을 듯합니다.

스피노자는 이를 위해 신과 자연 만물의 존재 방식, 인간의 정신과 신체의 관계, 그리고 인간의 욕망과 자유에 대해 차례로 고찰하고, 진정한 자유에 이르기 위해서는 어떻게 해야 하는지 구체적인 방안을 제시하고자 했습니다. 이러한 의도로 집필된 책이 바로『에티카』(1677)입니다. 이 책의 초반부에서는 신과 자연, 정신과 신체의 관계를 다루는데, 매우 까다로운 형이상학적 개념들이 많이 등장해서 읽기가 결코 쉽지는 않습니다. 하지만 후반부부터는 인간의 정서와 욕망에 대해 구체적인 사례들을 들어 설명하고 있으므로 훨씬 수월하게 접근할 수 있습니다. 이제 스피노자가 말하는 욕망에 관해 하나씩 살펴보기로 하겠습니다.

우리의 욕망은 자유로운가?

스피노자는 인간이라는 존재가 우리가 생각하는 것처럼 그렇게 자유롭지 않다고 보고 있습니다. 자유라는 것이 자신이 하고픈 것을 하는 것이라면 그것이 '욕망'과 긴밀히 결부되어 있음을 충분히 짐작할 수 있습니다. 자신이 갖고 싶은 것을 가지며 자신이 하고 싶은 것을 하는 것. 자기가 원하는 직업을 선택하고 자신이 먹고 싶은 것을 마음대로 고르는 것. 바로 이런 것이 자유가 아닐까요? 만약 누군가 그럴 수만 있다면 아마도 그는 세상에서 가장 자유로운 인간일 것입니다. 하지만 스피노자는 이러한 자유 개념에 대해 의문을 표시합니다. 그는 이를 자유로 간주하기보다는 자신의 감각을 자극하는 우연적인 충동에 반응한 것에 불과하다고 말하기 때문입니다.

만약 우리가 아무도 자신을 방해하지 않는 휴일에 TV 앞에 앉아 있다면 어떨까요? 아마도 자연스럽게 리모컨에 손이 갈 것이고 이리저리 채널을 돌리면서 흥미로운 프로그램을 찾고 있는 자신을 발견하게 될 것입니다. 만약 초등학생에게 컴퓨터를 마음껏 사용해도 좋다고 하면 어떻게 할까요? 아마도 대부분은 게임을 하거나 웹 서핑을 할 것입니다. 각자에게 자유로이 자신이 하고 싶은 것을 하도록 했지만, 이처럼 서로 비슷한 행동을 보이는 것에 대해 과연 어떻게 설명할 수 있을까요? 과연 우리는 자유롭게 욕망한다고 말할 수 있을까요? 정말로 우리는 자신이 하고 싶은 것을 행하는 것일까요? 아마도 그렇다고 선뜻 단정하기는 쉽지 않을 것입니다.

스피노자도 이렇게 반문합니다. '과연 젖먹이 갓난아기가 자신의 자유로운 욕망에 따라 엄마의 젖을 찾고, 마찬가지로 겁쟁이가 자신의 자유로운 욕망에 따라 도망치는 것이라고 볼 수 있는가?' 대부분의 사람들은 자신이 자유롭게 욕망한다고 여기지만 스피노자가 보기에는 결코 그렇지 않았습니다. 대부분의 사람들은 어째서 자신이 그러한 욕망을 갖게 되었는지 그 원인에 대해서는 생각하지 않는다는 것입니다.

인간이 자신을 자유롭다고 믿는 것은 그릇된 일이다. 그러한 의견은 단지 그들이 자신의 행동은 의식하지만 그들로 하여금 그렇게 행동하게끔 결정하는 원인을 모르는 데에서 성립한다. 그러므로 그들이 자신의 행동의 원인을 모른다는 것이 그들의 자유의 관념이다. 왜냐하면, 그들이 인간의 행위는 의지에 의존한다고 말하더라도 그것은 그들이 그것에 대해 아무런 관념도 갖지 않은 채 하는 말에 불과하기 때문이다. 왜냐하면 의지가 무엇인지, 그리고 의지가 어떻게 신체를 움직이는지 그들은 아무것도 모르기 때문이다.

스피노자에 따르면, 인간의 욕망은 이것 또는 저것을 욕망하도록 자극하는 여러 원인들로부터 영향을 받습니다. 갓난아기가 엄마 젖을 달라고 보챌 때는 자신이 보챌 것인지 여부를 자유롭게 판단하여 임의로 선택한 행동이 아닙니다. 배가 고프기 때문에 울며 보채는 행동을 하는 것입니다. 마찬가지로, 겁쟁이가 도망치는 것도 그의 자유로운 판단에 따른 임의의 선택이 아닙니다. 자신을 위협하는 대상과 마주했기 때문에 이로부터 무조건 도망치도록 결정된 것입니다. 이처럼 인간의 욕망은 어떤 특정한 원인으로부터 영향을 받게 됩니다. 이는 불가피한 일입니다. 인간이란 홀로 존재하는 것이 아니라 주변의 많은 개체들과의 상호작용 속에서 존재하고 있기 때문입니다. 따라서 욕망을 이해하려면 인간이 다른 개체들과 어떤 관계 속에서 존재하는지부터 먼저 살펴보는 것이 필요합니다.

스피노자에게 있어 욕망은 자신의 존재를 유지하려는 인간의 자연스러운 본성으로부터 생겨납니다. 여기서 자신의 존재를 유지하려는 노력을 스피노자는 '코나투스'(conatus)라고 부릅니다. 이는 자신의 존재를 유지할 수 있는 능력(힘)이기도 합니다. "각각의 사물은 자신 안에 존재하는 한에서 자신의 존재 안에 남아 있으려고 노력한다." 생물만이 아니라 모든 무생물들까지 포함해서 세상에 존재하는 모든 사물들은 자신의 존재를 유지할 수 있는 능력을 지니고 있습니다.

모든 사물들은 자신이 어떤 외적 원인에 의해 파괴되지 않는 한, 언제까지나 자신의 존재를 유지하고자 합니다. 바위는 세월 속에서 온갖 풍상을 겪으면서 풍화작용에 의해 돌멩이가 되고 먼지가 될 것입니다. 하지만 바위에는 자신의 존재를 유지하려는 코나투스가 있습니다. 돌멩이와 먼지로 되기 전까지는 항상 바위로 남아 있으려 하는 것이지요. 모든 사물들은 자신보다 더 강한 외적 원인에 의하지 않고서는 결코 스스로 파괴되지 않습니다.

코나투스 덕분에 우리는 자신에게 유익한 것을 추구하고, 반대로 해로운 것은 피합니다. 스피노자는 욕망 또한 자신의 존재를 유지하기 위해 유익한 어떤 것을 행하려는 노력이라는 점에서 코나투스와 다른 것이 아니라고 말합니다. 즉, 욕망은 코나투스가 표현되는 하나의 방식이라는 것입니다. 그래서 스피노자는 욕망을 인간의 본질이라고 부르고 있습니다. 이처럼 욕망을 인간의 본질로 규정하는 것은 영혼이나 이성을 인간의 본질로 규정하던 기존의 방식과 비교해 볼 때 대단히 파격적이라 할 수 있습니다. 기존의 서구 철학자들이 인간에 대해 정신적 혹은 종교적인 차원에서 규정하던 것과 달리, 스피노자는 욕망을 인간의 본질이라고

욕망, 고전으로 생각하다

하는 새로운 접근 방식을 취한 것입니다. 스피노자에게 욕망은 정신과 신체 모두에 작용하는 일종의 생산적이고 능동적인 '힘' 이었습니다.

하지만 스피노자처럼 욕망을 마냥 긍정적인 것으로만 여기기에는 몇 가지 어려운 점이 있습니다. 왜냐하면, 인간은 자신도 주체할 수 없는 욕망 때문에 쾌락에 빠져 헤어 나오지 못하기도 하고, 때로는 파멸적인 선택을 할 수도 있기 때문입니다. 아마도 이 점이 그토록 많은 철학자들이 욕망에 대해 경계했던 이유일 겁니다. 사실 스피노자 역시 무조건 자신의 욕망대로 마음껏 쾌락을 즐기라고 말하지 않습니다. 하지만 스피노자가 기존의 철학자들과 다른 점은 욕망에 대해 심도 있는 이해를 바탕으로 그것을 어떻게 사용해야 하는지 그 방안을 제시하려 했다는 점에 있습니다. 스피노자에게 욕망이란 인간을 망쳐 놓는 사악한 어떤 것이 아니었습니다. 오히려 욕망에 대한 무지와 잘못된 사용이 인간을 무능력하고 예속적인 존재로 만든다는 것입니다. 욕망을 무조건 죄악시하는 것이야말로 욕망을 왜곡된 방식으로 표출하도록 만들 따름입니다. 욕망을 이해하기보다 강제로 이를 억압하거나 없애 버리려 하는 것은 결코 바람직한 해결 방식일 수 없습니다. 중요한 것은 욕망을 올바로 이해하고 창조적이고 능동적으로 사용하도록 만드는 것에 있었습니다. 스피노자가 인간의 정서를 매우 상세하게 분석하는 것도 이러한 이유에서였습니다.

정념은 이성보다 강하다

스피노자가 보기에 인간은 이성보다는 욕망이나 정서, 충동 등에 더 직접적인 영향을 받는 존재였습니다. 어떤 판단을 하거나 행동을 할 때 이성적으로 차분하게 따져서 합리적인 결정을 내리기보다는 정서, 충동을 더 많이 따른다는 것이지요. 어린아이들을 보면 이를 쉽게 알 수 있습니다. 어린아이들은 화가 나거나 속상할 때 아무리 합리적이고 타당한 논리로 설명하더라도 순순히 받아들이지 않습니다. 마음이 풀릴 때까지는 어떠한 얘기도 통하지가 않지요. 반면, 마음이 풀어지고 난 후에 차분히 설명을 해 주면 그때서야 수긍하면서 받아들입니다. 이성보다는 정서가 앞선다는 것이지요. 어린아이들의 이러한 특성을 고려하지 않고서 무조건 논리로만 설득하려 한다면 오히려 반발심만 더욱 키우고 말 것입니다.

하지만 이는 비단 어린아이들에게만 해당되는 얘기는 아닌 듯합니다. 어른들 또한 이와 크게 다르지 않은 것 같습니다. 사람들은 합리적이고 타당한 논리보다는 자신과 친한 사람, 또는 자신이 신뢰하는 사람의 이야기에 더 귀를 기울입니다. 주장의 타당성보다는 '누가' 그러한 주장을 하느냐를 더 중시하는 것입니다. 여러분은 어떤가요? 아무리 타당한 주장이라 하더라도 그것을 금방 수긍하기보다는, 주변 사람들의 반응을 살피면서 자신과 가까운 사람들의 판단을 따르는 경향을 보이지 않나요?

문제는 인간의 이러한 특성으로 인해 경우에 따라서는 매우 유감스러운 결과가 초래되기도 한다는 점입니다. 이를테면, 호감이나 신뢰를 준 상대로부터 쉽게 사기를 당하거나 미신 또는 광신적인 집단에 빠지기도 합니다. 독재 권력을 추종하는 대중들의 경우도 마찬가지입니다. 수십 년간 독재 권력에 통치를 받아 온 대중들은 독재자에 대한 합리적이고 비판적인 의식을 갖기보다는 대체로 순응하고 복종하려는 경향이 강합니다. 독재자가 자신들에게 큰 혜택을 베풀어 주었으므로 보답해야 한다고 여기는 것이지요. 이러한 사례들은 이성보다는 정서에 의한 판단이 앞서는 인간의 본성을 잘 보여 줍니다.

그러면 정서는 어떻게 생겨나는 것일까요? 인간은 각자의 코나투스에 따라 자신에게 유익한 것을 추구하며, 반대로 해로운 것은 피하고자 합니다. 하지만 언제 어떤 방식으로 유익한 개체 혹은 해로운 개체와 마주칠 것인지는 미리 알지 못합니다. 유익한 개체와 만난다면 자신의 능력의 증대를 경험할 것이고, 반대로 해로운 개체를 만난다면 능력의 감소를 경험할 것입니다. 능력이 증가될 때 우리는 기쁨의 정서를 가지며, 반대로 능력이 감소될 때 슬픔의 정서를 갖게 됩니다. 이렇듯 능력의 증감에 따라 각기 다른 정서를 갖게 되는데, 스피노자는 다른 개체와의 마주침으로 갖게 되는 이러한 정서들을 '정념'(passion)이라고 부릅니다.

여기서 문제가 되는 것은 우리가 정념에 의해 지배될 때 무엇이 자신에게 유익하고 해로운지 제대로 분간하지 못한다는 점에 있습니다. 자신은 유익하다고 생각하여 추구했겠지만 정작 해로운 것일 수도 있고, 해로운 것이라 여겼음에도 오히려 유익한 것일 수도 있습니다. 앞서 예로 들었던 것처럼, 미신이나 광신적인 집단을 따르는 사람들은 일시적인 위안을 받으면서 자신에게 유익한 것이라고 생각했겠지만 그것은 결코 자신들에게 유익한 것일 수 없습니다.

반대로, 해로운 것처럼 보이지만 오히려 유익한 것도 있습니다. 약은 입에 쓰지만 몸에는 분명 유익한 것입니다. 어린아이들은 약을 주면 쓰다고 잘 먹지 않으려고 합니다. 하지만 점차 자라면서 약이 몸에 유익하다는 것을 이해하고 입에는 쓰더라도 먹게 되는 것이지요. 이와 반대로, 사탕이나 초콜릿처럼 입에 단 것을 좋아하지만, 그렇다고 이러한 단 음식들을 너무 많이 먹는다면 해로운 결과를 가져오게 됩니다. 입에 좋다고 해서 몸 전체에 유익한 것은 아니기 때문입니다. 이처럼 정념에 따른 판단은 일시적이고 부분적인 기쁨만을 추구하지만 그 결과가 우리에게 언제나 유익한 것은 아닙니다. 심지어 매우 위험한 결과를 초래할 수도 있습니다.

> 정서의 조절과 억제에 대한 인간의 무능력을 나는 예속이라고 말한다. 왜냐하면 정서에 복종하는 인간은 자신의 권리 아래 있는 것이 아니라 운명의 권리 아래 있으며, 흔히 더 좋은 것을 보기는 하지만 더 나쁜 것을 따르도록 강제당하는 것과 마찬가지로 그는 운명의 힘 안에 있기 때문이다.

정념에 따라 판단하는 사람들은 자신을 운에 맡기면서 무작위적인 삶을 살게 됩니다. 따라서 정념에 따른 판단의 한계, 즉 예속 상태를 극복하는 것이 중요합니다. 어떤 개체가 우리에게 기쁨을 줄 것인가, 아니면 슬픔을 줄 것인가는 그 개체와 우리가 맺는 '관계'에 의해 결정됩니다. 그러므로 개체들 간의 관계를 잘 파악하는 것이 정념에 따른 판단을 극복하는 데 가장 중요하다고 할 수 있습니다.

스피노자에 따르면, 기쁨만을 준다거나 슬픔만을 주는 개체란 세상에 존재하지 않습니다. 우리가 그 대상과 어떤 관계를 맺느냐에 따라 그것은 기쁨이나 슬픔의 원인이 될 수 있습니다. 동일한 대상조차도 우리가 그 대상과 어떤 관계에 놓여 있느냐에 따

라 기쁨을 주거나 슬픔을 줄 수 있습니다. 예를 들어, 눈에다 소금을 넣으면 너무나 큰 고통을 느끼게 되겠지만, 삶은 계란에다 살짝 뿌려서 입속에 넣으면 맛있는 간식이 될 것입니다. 우리가 어떤 방식으로 관계를 맺느냐에 따라 소금은 슬픔의 원인이 되기도 하고 기쁨의 원인이 되기도 하는 것입니다.

또한, 자신의 신체적 상태에 따라서도 달라집니다. 그전에는 기쁨을 주던 대상이 정반대로 슬픔을 줄 수도 있습니다. 배가 고픈 상태에서는 그토록 맛있던 음식이 배가 부른 상태에서는 맛없게 느껴지는 것도 이 때문입니다. 아무리 좋아하던 음식이라도 배가 부르다면 그 음식이 갖는 풍미를 충분히 느낄 수 없습니다. 이는 자신의 상태에 따라 동일한 대상에 대해 전혀 상반된 정서를 가질 수 있다는 것을 보여 줍니다.

그러면 개체들 간의 관계를 올바르게 인식하려면 어떻게 해야 할까요? 우선 가장 일차적인 방법은 많은 경험을 쌓는 것입니다. 실제로 우리는 많은 시행착오의 경험을 통해 무엇이 자신에게 유익하고 또 해로운지 터득하게 됩니다. 이제 막 기어 다니기 시작하는 아기들은 아무것이나 손으로 만지거나 입에다 집어넣으려 합니다. 눈앞에 있는 것이 자신에게 어떤 영향을 가져다줄지 알지 못하기 때문이지요. 이 때문에 부모는 한시도 아기에게서 눈을 뗄 수가 없습니다. 하지만 아기들은 무수한 시행착오를 거듭하면서 점차 대상과 어떤 관계를 맺어야 할지 터득하게 됩니다.

즉, 대상을 다루는 용법을 하나씩 익혀 가는 것입니다. 처음에는 대상을 어떻게 다뤄야 할지 잘 몰라 자신에게 해로운 결과를 초래하기도 했지만, 점차 다룰 줄 알게 되면서 자신에게 유리한 방식으로 사용할 수 있습니다.

이 글의 맨 처음에 이카로스의 이야기를 했지요? 이카로스는 밀랍으로 붙인 날개를 달고 하늘 높이 날아오르고자 했지만 결국 실패하고 말았지요. 이 이카로스의 실패가 금지된 욕망을 품은 것에 대한 벌로 간주되어 왔다고도 했고요. 하지만 스피노자라면 이카로스가 실패한 원인이 금지된 욕망을 품은 것에 있지 않고, 오히려 밀랍이 높은 온도에서는 녹아내린다는 것, 즉 밀랍의 특성과 용법을 몰랐던 것에 있다고 여길 것입니다. 이카로스가 밀랍과 온도의 관계를 잘 알았더라면 더 나은 결과를 얻어 낼 수 있었을 것입니다. 실제로 인간은 이카로스처럼 하늘을 나는 꿈을 실현하고자 많은 노력을 기울여 왔습니다. 물체의 운동 속도와 공기 저항, 기압 등에 대한 연구를 통해서 결국 비행기를 만들어 내고야 말았던 것이지요.

이처럼 우리는 개체들 간의 관계에 대한 인식을 바탕으로 정념에 따른 판단의 한계를 극복하고 자신의 욕망을 실현할 더 나은 방안을 찾을 수 있습니다. 그러므로 욕망 자체가 비난받아야 할 이유는 없다는 점을 여기서 다시금 확인할 수 있습니다. 어떤 욕망에 의해 나쁜 결과가 초래되었다면 그것은 욕망이 사악하거나 위험하기 때문이 아니라 개체들 간의 관계를 잘 이해하지 못했기 때문에, 즉 자신의 욕망을 실현할 방안을 알지 못했기 때문입니다. 욕망을 실현할 구체적인 방안을 찾는 것, 그것이 스피노자가 생각하는 윤리학의 역할이었습니다.

'슬픔의 관계'에서
'기쁨의 관계'로

인간은 불리한 조건에서부터 출발합니다. 인간을 둘러싼 환경은 그리 유리하지 않습니다. 인간과 마주치는 외부 개체들 가운데 인간에게 유익한 개체가 있는가 하면, 반대로 치명적인 위험을 가하는 개체도 있습니다. 언제나 기쁨만을 누리면서 살고 싶지만 그것은 불가능합니다. 우리는 다른 개체들과의 관계를 벗어나서 한시도 존재할 수 없기 때문입니다. 인간이 자연의 일부로 존재하는 한 이는 불가피합니다. 우리는 외부 개체에 의해 정념에 따라 판단하면서 이리저리 흔들리는 존재일 수밖에 없습니다. 스피노자의 인상적인 표현을 빌리자면, "우리는 바람에 일렁이는 파도처럼 수많은 방식으로 외적 원인에 의해 휘몰리며, 우리의 운명과 결과를 알지 못한 채 동요"하는 것입니다.

게다가 인간이 이성보다는 정념에 예속되기 쉽다는 점 또한 매우 불리한 조건임에 분명합니다. 행운이나 불운에 의해 이리저리 흔들리며 미신이나 독재자의 폭정에 희생되기도 쉽습니다.

하지만 스피노자는 우리가 개체들과의 관계를 인식하게 되면서 점차 이러한 불리한 조건을 극복할 수 있다고 말합니다. 개체들과의 관계를 인식하는 것은 정념과는 다른 능동적인 욕망에 의해 이루어집니다. 즉, 능동적인 욕망으로부터 외적 자극에 의한 정념과는 다른, 내적인 기쁨의 정서가 만들어진다는 것입니다. 스피노자에게서 기쁨의 정서는 정념에의 예속에서 벗어나는 데 매우 중요한 역할을 맡고 있습니다. 이를 좀 더 구체적으로 살펴보겠습니다.

우리는 다른 개체들과의 마주침 속에서 기쁨이나 슬픔을 느끼게 됩니다. 이때 기쁨의 정념을 느끼면 우리는 다시 기쁨을 주는 개체를 찾게 됩니다. 즉, 우리는 기쁨의 정념을 경험하면서 다시 그 기쁨을 얻고자 계속해서 기쁨을 주는 관계를 찾도록 이끌립니다. 자신에게 기쁨을 주는 개체와 결합하고자 하며, 지속적으로 그러한 개체와 결합할 수 있는 관계를 구성하고자 시도하게 되는 것입니다. 이것이 기쁨의 정서에 의해 생겨나는 능동적인 욕망입니다. 이러한 기쁨의 연쇄는 곧 자신의 능력이 계속적으로 확장되는 과정이기도 합니다. 즉, 우리는 다른 개체들과의 관계를 파악하여 자신에게 기쁨을 주는 관계를 맺고자 하며, 이를 통해 생겨난 기쁨의 정서 덕분에 우리는 더욱 많은 개체들과의 관계를 인식할 수 있는 더 큰 능력을 갖게 됩니다.

예를 들어 누군가 우연히 어느 가수의 노래에 매료되었다고 해

봅시다. 그러면 그 가수에 대해 알아보고자 할 것이고, 그가 부른 노래들을 찾아서 듣기 시작할 것입니다. 그러면서 그 가수가 부르는 노래의 장르나 가사의 내용 등에 대해서도 알아보려 하겠지요. 한편으로, 그 가수가 부르던 노래와 유사한 장르나 비슷한 분위기의 다른 가수, 혹은 그에게 영향을 준 사람에 대해서도 궁금증이 생길 수 있습니다. 음악을 듣는 방식에 대해서도 여러 가지 시도를 하면서 그와 관련한 새로운 지식을 갖추려 할 것입니다. 혼자 다니면서 MP3 파일로 듣고자 한다면 MP3 플레이어에 대한 정보를 찾아보려 할 것이고, 집에서 스피커를 통해 들으려 한다면 오디오 기기에 대해서 알아보려 할 것입니다. 이렇게 하여 음향 기기에 대한 지식도 점차 쌓여 갈 것입니다. 그 가수의 음악을 좋아하게 되면서 그는 새로운 능력을 갖출 수 있게 되었습니다.

처음에는 그 가수의 음악을 들으면서 우연히 주어진 기쁨의 정념이, 그로 하여금 능동적으로 음악이나 음향 기기에 관한 여러 지식을 찾도록 촉발시키는 동력이 되었던 것입니다. 즉, 우연히 주어진 기쁨의 정념 덕분에 능동적인 욕망을 갖게 되면서 새로운 능력을 갖게 되는 것입니다. 특히 기쁨의 정념이 능동적인 욕망을 갖게 하는 계기가 될 수 있다는 사실이 매우 중요합니다. 정념 자체는 기쁨의 원인도, 그리고 슬픔의 원인도 될 수 있습니다. 외부 자극으로부터 주어지는 여러 정념들은 우리를 혼란스럽게 만들기도 하지만, 한편으로 기쁨으로 촉발되어 능동적인 욕망을 갖게 하는 기회를 제공하기도 하는 것입니다.

여기서 중요한 것은 그것이 자신의 능력이 확장되는 계기로 작용하는가, 아니면 축소되는 계기로 작용하는가 하는 점입니다. 저마다 지니고 있는 소질이나 재능이 서로 다르며, 이에 따라 기쁨으로 촉발되는 계기 또한 다를 수밖에 없습니다. 남들에게 잘 보이기 위해서 자신의 소질이나 재능과는 무관한 일에 힘을 쏟는다면, 그는 진정한 기쁨을 지닐 수 없게 될 것입니다. 비록 자신이 좋아하는 일이 그리 화려해 보이지 않더라도, 자신을 진정으로 자유롭고 유능한 존재로 만드는 첫 단추가 될 수 있습니다. 그런 점에서 자신의 욕망과 능력을 긍정하는 것이 중요합니다. "자유로운 인간은 자신에게 중요하다고 판단되는 것, 자신이 욕망하는 것을 행하지만, 예속된 인간은 자신이 알지 못하는 것을 행하며 원치 않는 일을 행하게 된다."

스피노자가 여기서 제시하는 원칙을 간결하게 요약하자면, "기쁨을 주는 관계를 늘리고, 슬픔을 주는 관계는 줄이라."는 것으로 정리할 수 있을 것입니다. 하지만 "기쁨을 주는 관계를 늘리라는 것을" 무슨 일이든 항상 자신의 이익만을 채우면 된다는 식으로 받아들인다면, 스피노자의 제안을 정반대로 이해하는 것입니다. 심지어 자신에게 매우 불리한 선택이 되기도 합니다. 자신에게 유리한 것만을 계산하여 따지면서 조금의 양보도 허용하지 않으려는 태도가 주변으로부터 인심을 잃는 결과를 초래하고 말 것이기 때문이지요. 오히려 선의로 다른 사람의 어려움을 돕고자 한다면, 그가 어려움에 처할 때 주변의 많은 도움을 받을 수 있게 될 것입니다.

또한, "슬픔을 주는 관계를 줄이라는" 것도 무조건 슬픔을 주는 대상을 회피하라는 의미가 아닙니다. 앞서 말씀드린 대로, 어떠한 대상도 그 자체로 좋기만 하거나 반대로 나쁘기만 한 것은 세상에 존재하지 않습니다. 그 대상과 어떤 관계에 놓이느냐에 따라 우리에게 기쁨을 주기도 하고 슬픔을 주기도 하는 것입니다. 따라서 그 대상이 슬픔을 준다고 해서 매번 회피한다면, 우리는 기쁨을 주는 관계를 만들 기회를 점점 잃어버리고 말 것입니다. 결국에는 다른 개체들과의 관계가 모두 단절되어 고립되는 사태를 맞이할 수도 있습니다. 오히려 슬픔을 주던 그 대상을 계속 회피하기보다는 더 이상 슬픔을 주지 않는 '새로운' 관계로의 전환을 모색할 수도 있습니다. 이를 통해 슬픔을 주던 기존의 관계를 줄이고 기쁨을 주는 새로운 관계를 늘려 갈 수 있는 것입니다.

모든 충동이나 욕망은 부적합한 관념들에서 싹트는 한에서 정념이며, 적합한 관념들에 의해 불러일으켜지거나 발생될 때는 덕이 된다. 우리로 하여금 무엇인가를 행하도록 결정하는 모든 욕망은 부적합한 관념에서도 싹틀 수 있고, 적합한 관념에서도 싹틀 수 있기 때문이다.

우리가 슬픔의 원인을 이해함에 따라서 슬픔은 정념이기를 멈춘다. 다시 말해, 슬픔이기를 멈춘다.

공동체 안에서
더 자유롭다

기쁨의 관계를 늘려 간다는 것은 자신에게 기쁨을 주는 유익한 공동체적 관계를 계속해서 구성한다는 것을 뜻합니다. 스피노자는 우리가 홀로 살아가는 것보다 공동체에서 살아갈 때 훨씬 더 자유롭다고 말합니다. 통상 우리는 자유에 관해서 생각할 때 많은 사람들이 살아가는 도시로부터 떠나서 한적한 곳에서 혼자 여유를 즐기며 사는 장면을 떠올립니다. 하지만 스피노자는 혼자서 살아가는 것보다 공동체에서 더 자유롭다고 보고 있습니다.

스피노자에게서 진정한 자유란 자신이 원하는 것을 욕망하는 것만이 아니라 그것을 실제로 실현하는 능력을 소유하는 것까지 포함합니다. 수영을 예로 들어 보기로 하지요. 누구라도 자신이 능숙하게 수영을 하는 것을 욕망할 수 있겠지만, 실제로 수영을 능숙하게 할 수 있는 것과는 커다란 차이가 있습니다. 이는 실제로 수영을 할 수 있는 능력이 있는지 여부와 관련이 있습니다. 물속에서 아무렇게나 첨벙거리는 사람과 전문적인 훈련을 받은 수

영 선수를 비교해 보면 더욱 분명해집니다. 전문적인 수영 선수가 물속에서 훨씬 더 자유롭다고 말할 수 있습니다. 그냥 아무렇게나 물속에서 첨벙거리는 사람은 실제로 자신이 원하는 것을 할 수 있는 자유가 거의 없습니다. 반면 수영 선수는 자신이 원하는 대로 물속에서 자유롭게 움직일 수 있으니까요.

마찬가지로, 아무렇게나 피아노 건반을 두드리는 사람보다 오랫동안 연주 활동을 해 온 피아니스트가 훨씬 더 자유롭다고 말할 수 있습니다. 아무렇게나 피아노 건반을 두드리는 것밖에 할 수 없다면 그는 자신이 원하는 대로 자유롭게 음악을 연주할 수 없습니다. 반면 피아니스트는 자신이 원하는 대로 그에 맞게 음악을 자유로이 연주할 수 있습니다. 아무렇게나 이것저것을 선택한다고 해서 자유로운 것이 아니라, 실제로 그것을 할 수 있는 능력을 가질 때 비로소 자유롭다고 말할 수 있는 것입니다.

그런데 자신의 욕망을 실현할 수 있는 능력을 갖추려면 홀로 살아가는 것보다는 공동체 안에서 살아가는 것이 훨씬 유리합니다. 혼자 무인도에서 살아가는 사람과 공동체에서 살아가는 사람을 비교해 보면 확연하게 구분됩니다. 병이 났을 경우, 무인도에서 사는 사람은 그 병의 원인을 알기 어렵고 어떻게 그것을 치료해야 할지 잘 알지 못합니다. 반면, 공동체를 이루며 살아가는 사람이라면 의술이 있는 사람이나 전문적인 의학 지식을 갖춘 의사에게 도움을 청해 진료를 받을 수 있습니다. 홀로 무인도에서 살아가는 사람은 추위나 가뭄 등 기상 변화, 혹은 맹수들의 습격과 같은 위협적인 상황에 그대로 노출되어 있으며, 이러한 우발적인 요인에 의해 자신의 생사가 좌우될 수도 있습니다. 반면, 공동체를 구성한다는 것은 그와 같은 우발적인 요인에 영향을 덜 받으면서 동시에 식량이나 주거, 교육 등 자신들의 삶을 영위하는 데 적합한 환경을 갖춘다는 것을 의미합니다. 공동체는 각자의 욕망을 훨씬 더 잘 실현할 수 있는 조건, 즉 자유를 확대시키기에 유리한 조건을 제공해 주고 있는 것입니다.

물론 모든 공동체가 이러한 이상적인 조건을 제공해 주는 것은 아닙니다. 스피노자가 말하는 공동체는 서로가 우애와 신뢰로 하나가 되면서 각자의 다양한 욕망과 능력에 따라 살아가는 자유로운 인간들의 결사체를 의미했습니다. 이는 모두가 획일적으로 똑같아지는 것을 의미하지 않습니다. 스피노자가 비판하는 획일적인 공동체는 공동체 구성원들의 다양한 욕망을 무시하고 지배계급이나 통치자가 요구하는 바에 따라 강제로 맞추려고 합니다. 특히 공동체 구성원들이 이성을 자유롭게 사용하지 못하도록 언론이나 사상, 표현의 자유를 봉쇄하고 대중들을 선동하여 공포를 조성함으로써 통치한다는 것입니다. 우리가 아는 대부분의 독재 국가나 파시즘 국가들이 그러한 획일적인 공포 정치를 했다는 점은 널리 알려져 있습니다. 스피노자라면 이러한 국가들에 대해 대중들의 무지를 악용하여 공포와 대중 선동으로 통치한다는 점에서 매우 무능력한 공동체라고 평가할 것입니다.

스피노자가 말하는 공동체는 이와 달리 자유에 대한 사랑을 권하면서

각자의 다양성과 차이가 제한 없이 발휘될 수 있도록 합니다. 획일화를 추구하는 공동체가 대중들의 무능력에 기반을 두었다면, 스피노자가 추구하는 공동체는 대중들의 능력에 기반을 둔다고 할 수 있습니다. 유능한 공동체일수록 공동체 구성원들의 다양성이 증대되지만, 무능력한 공동체일수록 다양성이 줄어들고 획일화된다는 것입니다.

이를테면, 유능한 요리사와 무능한 요리사는 다양성과 차이를 어떻게 표현하느냐에 따라 대비됩니다. 유능한 요리사라면 재료 각각의 본성을 잘 알고 있으며, 그래서 각각의 재료가 갖는 다양한 맛과 향이 잘 표현되도록 하면서 그것들이 함께 잘 어울릴 수 있도록 만들 것입니다. 즉, 요리 재료 각각의 다양성과 차이가 잘 나타나도록 하면서 동시에 그 모두가 서로 어울리도록 한다는 것입니다. 반대로, 무능한 요리사라면 재료 각각의 본성을 잘 알지 못하므로, 재료가 갖는 다양한 맛과 향을 살리지 못하고 그저 조미료 맛이나 짜고 매운 자극적인 맛으로 획일화시키고 말 것입니다. 어떤 요리를 만들더라도 재료가 지닌 다양성이 서로 어울리지 못하고 획일화됨으로써 요리 고유의 맛을 잃어버리게 되는 것입니다.

이렇듯 스피노자는 욕망의 다양성과 차이들이 자유롭게 표현되면서도 동시에 공동체 구성원들이 서로 우정과 신뢰로 하나로 일치되는 공동체를 가장 바람직하고 이상적인 공동체라고 보았습니다. 스피노자에게 '이성'의 능력이란 다양성과 차이를 훼손하지 않으면서도 서로 어울릴 수 있도록 만드는 능력에 다름 아니었습니다. 정념에 의해서는 각자의 다양성과 차이가 서로 대립하고 갈등하게 되지만, 이성의 능력을 통해서는 개체들 간의 관계를 이해함으로써 각자의 다양성과 차이가 서로 어울리도록 할 수 있다는 것입니다. 우연적으로 그렇게 되는 것이 아니라, 우리의 본성으로부터 일치되도록 그렇게 결정된다는 것입니다. "인간은 이성의 지도에 따라 살아가는 한 본성상 언제나 필연적으로 일치한다."

자유를 향한
기쁨의 윤리학

지금까지 스피노자의 욕망에 관한 논의를 여러 측면에서 살펴보았습니다. 스피노자에게 있어 인간이란 욕망의 표현을 통해 자신의 자유를 실현하는 존재입니다. 이를 위해서는 기쁨을 지속적으로 증대시킬 수 있는 조건, 즉 공동체적 관계를 구성하는 것이 무엇보다도 중요했습니다. 스피노자는 자신의 주저인 『에티카』에서 인간의 욕망과 정서에 관한 분석, 그리고 자유를 향한 실천적 방안 등을 제시하고 있습니다. 이것이 스피노자의 윤리학이 추구했던 바였습니다. 달리 표현하자면, '자유를 향한 기쁨의 윤리학'이라고 부를 수 있을 것입니다.

스피노자는 좋은 음식과 맑은 공기, 적당한 운동과 예술 활동 등을 즐기면서 자신의 신체를 활기차게 만들고, 나아가 자유를 사랑하는 사람들과 유대를 맺음으로써 우정을 강화시키는 것이 무엇보다도 유익하다고 말합니다. 이를 위한 구체적인 방안들이 또한 스피노자의 '윤리학'이라 할 수 있겠습니다. "인간에게는 서로 교제하며 그들 모두를 하나로 만들기에 가장 알맞은 유대를 결속하는 것, 절대적으로 말해서, 우정의 강화에 도움이 되는 행위가 무엇보다도 유익하다."

앞서 말씀드린 것처럼 스피노자가 꿈꾸었던 이상적인 공동체는 서로가 우정과 신뢰로 하나가 되면서 각자 자신의 욕망과 능력에 따라 자유로이 살아가는 자발적인 결사체였습니다. 그런 점에서 스피노자의 욕망에 관한 논의는 개인의 내면적인 측면만이 아니라 사회적이고 정치적인 차원까지 포괄한다고 할 수 있습니다. 스피노자는 누구나 최고의 기쁨, '지복'(beatitude)에까지 이르는 길을 발견할 수 있으리라 믿었습니다. 물론 그렇게 쉽게 얻어질 수 있는 것은 아니지만 말입니다. 스피노자의 표현처럼, 모든 고귀한 것들은 힘들 뿐만 아니라 드문 것이니까요.

이제 여기에 이르는 것으로 내가 제시한 길은 매우 어려워 보일지라도 그것은 발견될 수 있다. 물론 이처럼 드물게 발견되는 것은 분명 어려운 일임에 틀림없다. 왜냐하면 구원이 가까운 곳에 있고 큰 노력 없이도 발견될 수 있다면, 어떻게 거의 모든 사람들이 그것을 등한시할 수 있었겠는가? 하지만 모든 고귀한 것들은 힘들 뿐만 아니라 드물다.

4

나의 진짜
욕망을
알 수 있을까?

프로이트 「꿈의 해석」

박임당

모든 사람에게는

다른 이들에게 알리고 싶지 않은 소원,

자신에게도 고백하고 싶지 않은 소원이 있기 마련이다.

(⋯)

꿈은 (억압되고 억제된) 소원의 (위장된) 성취이다.

−『꿈의 해석』

네가 진짜로 원하는 게 뭐야?

영화 「왓 위민 원트」의 주인공인 닉 마샬은 잘나가는 광고 기획자입니다. 그가 광고에 손을 댔다 하면 해당 상품은 날개 돋친 듯 팔려 나갔습니다. 그런데 여성을 타깃으로 한 제품을 마케팅하는 과정에서 그는 달시 맥과이어라는 여성 기획자와 경쟁하여 결국 밀리고 맙니다. 일을 따내기 위해 팩도 붙이고 스타킹도 신어 보는 등 아무리 노력을 해도 여성 소비자의 마음은 알 수가 없었죠. 그러던 어느 날 전기에 감전된 뒤로 그에게 주변 여성들의 마음속 소리가 들리기 시작합니다. 여성들의 욕망의 소리를 듣게 된 이후 그는 여성들에게 환대를 받게 되었을 뿐 아니라 광고 기획 아이디어까지 얻어 냅니다.

닉의 귀에 들리는 여성들의 생각은 명확한 언어와 문장으로 표현됩니다. '닉의 데이트 신청을 왜 거절했지? 다시 만나고 싶어.' 하는 식으로 말이죠. 그런데 한번 생각해 보세요. 과연 영화에서처럼 욕망이 자신의 마음속에 그렇게 분명하게 정리된 문장으로 떠오르는 걸까요? 가끔 내가 뭘 원하는지 나도 잘 모를 때가 있지 않나요? 또 원하지 않았던 일인데 어느새 그 일에 푹 빠져 있는 자신을 발견할 때도 있지 않나요? 우리는 우리의 욕망에 대해서 잘 안다고 이야기할 수 있을까요? 노래 가사에도 있듯, "네가 진짜로 원하는 게 뭐야?"라는 질문을 여러분에게 던져 보고 싶군요. 여러분은 자신이 무엇을 원하고 있는지 잘 알고 있나요?

정신분석학의 창시자 지그문트 프로이트(Sigmund Freud, 1856 ~1939)는 100년도 더 전에 우리는 우리가 원하는 것을, 우리의 욕망을 있는 그대로는 알 수 없다고 말했습니다. 프로이트에 따르면 욕망은 언제나 가면을 쓴 채로 나타납니다. 왜곡되거나 다른 모습으로 나타난다는 것이지요. 이는 욕망을 다루었던 이전의 사유들과는 확연히 구분되는 것이었습니다. 구약성서 이래로 수많은 철학자와 신학자, 작가들은 인간의 내면에서 끓어오르는 뜨거운 욕망에 관심을 두었고, 그에 관한 사유와 글들을 남겼습니다. 그런데 그 내용은 대체로 욕망에 대해 옳다거나 그르다거나 하는 평가에 집중한 것들이었습니다.

그러나 프로이트는 조금 달랐습니다. 그는 욕망이 개인의 경험에서 비롯되며, 그 각각의 욕망이 발현되고 운동하는 과정을 과학적인 방식으로 설명할 수 있다고 생각했습니다. 그리고 이를 통해 인간 정신의 질서를 밝혀내려 했습니다. 프로이트는 욕망을, 그리고 욕망의 장소인 '무의식'이라는 개념을 심리학적으로

프로이트 오스트리아의 심리학자이자
신경과 의사이다. 인간의 마음에 무의식
이 존재한다고 주장하였으며 정신분석
의 방법을 발견하였다.

정립하여 자신만의 체계를 만듭니다.

이는 19세기 당시 프로이트가 활동하던 오스트리아 빈의 문화
적 상황과 관련이 있습니다. 신흥 부르주아지들은 정치적으로 불
안한 입지 대신에 문화·예술에 투자하여 입지를 다지고자 했습
니다. 그들은 기존의 귀족 문화가 향유하던 예술과 미적 취향을
개인적인 것으로 돌려 자아를 갈고닦는 데 사용하게 됩니다. 이
러한 부르주아지의 문화적 특성은 인간의 내밀한 부분을 지향하
는 예술과 심리학의 부흥을 이끌어 냈던 것입니다.

이러한 상황에서 프로이트는 인간의 내밀한 정신생활과 과학적인 방법론을 접목하여 그만의 독창적인 학문 세계를 구축합니다. 그는 새로운 방법론을 통해 심리적 문제로 고통받는 이들을 치료하길 원했고, 더 나아가서는 인간의 정신 활동을 마치 기계 장치의 작동 원리처럼 체계화하기를 원했던 것입니다.

우리는 프로이트가 말하는 욕망을 바로 이 정신 작용의 체계와 관련해서 읽어 낼 수 있습니다. "욕망은 숨겨져 있다."는 명제를 말이죠. 물론 이러한 결론에 이르기까지 프로이트는 수많은 길을 에둘러 가야 했습니다. 의사였던 그는 수많은 환자들을 만나고, 그 임상 경험을 토대로 정신분석의 체계를 세웁니다. 그리고 수많은 저작을 남기는 과정에서 그의 이론은 풍부해지고 몇 번의 변곡점을 지나게 됩니다.

이 글에서는 프로이트의 초기 이론에 집중해 '욕망'이라는 개념의 이해에 도달해 보려 합니다. 그의 여러 책들에서 내용들을 가져와 이야기할 테지만 특별히 그의 초기 이론이 집대성된 『꿈의 해석』(1900)을 중심으로 이야기해 보려고 합니다.

욕망은 어린 시절의
기억과 관련 있다

프로이트에 따르면 '욕망'은 직접적으로 드러나지 않습니다. 그런데 생각해 보면 이상하지 않나요? 우리는 배고프면 먹고 싶다는 것을 알고, 졸리면 자고 싶다는 것을 분명히 알고 있습니다. 또 공부하고 싶을 땐 그렇게 하고 싶다는 것을 잘 알죠. (그런 일이 있을까 싶지만은!) 하여간 우리는 우리의 욕망에 대해 잘 알고 있다고 믿습니다. 아기의 경우에도 마찬가지죠. 배고프면 젖 달라고 울고, 기저귀에 똥을 누면 갈아 달라고 엉엉 웁니다. 만지고 싶은 것은 무조건 만지다가 뜨거운 물에 손을 데기도 하고, 먹고 싶은 것, 맛이 궁금한 것은 모조리 입안에 넣어 버리죠. 그런데 어째서 프로이트는 우리의 욕망이 가면을 쓴 모습으로 나타난다고 말했던 것일까요?

프로이트에게 욕망은 욕구의 '충족 체험'과 관련된 것입니다. 충족 체험은 사람이 태어나서 하는 최초의 경험과 관련이 있습니다. 갓 태어난 아기가 최초로 배고픔의 욕구를 느낄 때 아기는 신체적으로 긴장하게 됩니다. 이는 아기에게 불쾌한 기분을 선사하게 되지요. 그런데 엄마가 아기에게 젖을 물려 주면서 배고픔의 욕구가 충족되면 아기의 긴장은 낮아지고 이로써 불쾌감에서 벗어날 수 있게 됩니다. 이처럼 욕구의 충족을 통해, 불쾌감을 유발하는 긴장을 해소하는 최초의 경험이 '충족 체험'인 것입니다. 자신의 욕구를 스스로 해결할 수 없는 무력함이 외부의 대상과 만나서 해결되는 소중한 경험인 셈이지요.

이러한 경험은 기억에 남아서 나중에 욕구를 충족하기 위한 대상을 선택하는 데 길잡이가 됩니다. 때문에 동일한 욕구를 다시 느낄 때, 최초의 충족 상황을 재현하고자 하는 심리적 움직임이 일어난다는 것이 프로이트의 설명입니다. 바로 이러한 심리적 움직임이 프로이트가 말하는 '욕망'입니다. 이처럼 무엇을 하고자 하는 것, 즉 욕망한다는 것이 어린 시절의 기억과 관련된다는 측면에서 프로이트의 욕망 개념은 독특한 지위를 획득합니다.

프로이트는 자신의 임상 경험을 통해 욕망에 관한 독특한 개념을 이끌어 낼 수 있었습니다. 의사였던 프로이트는 당시 급증했던 히스테리 환자를 실제로 대면하게 됩니다. '히스테리'는 신경에 문제가 생긴 질병으로 마비, 경련, 몽유병, 환각, 실어증, 감각상실과 같은 증상을 동반합니다. 환자들은 자신들이 잊고 있던 과거의 불쾌한 기억들을 다시 떠올리는 순간 증상이 완화되는 경험을 하게 되었는데, 이 과정에서 프로이트는 히스테리의 증상들이 과거의 불쾌한 기억들과 관련이 있다는 사실을 밝혀냅니다.

이러한 임상 경험을 통해 프로이트는 어린 시절의 기억과 현재의 증상을 연결 짓는 작업을 해냅니다. 히스테리 환자는 과거의 한때 자신의 긴장을 유발시키는 어떤 불쾌한 경험을 했던 것입니다. 이러한 경험을 상기시키는 것은 그 환자에게 괴로운 일이었기에 이러한 기억은 다시 떠오르지 않도록 억압될 필요가 있었던 것이지요.

이처럼 히스테리의 증상이 불쾌한 경험과 관련이 있다면, 어떤 욕구가 충족되었던 경험은 유쾌한 기억과 관련될 것입니다. 즉, 우리의 불쾌감을 증가시키는 긴장을 해소시키기 위해서는 욕구를 충족하는 행위가 필요한 것이지요. 아기였던 우리가 배가 고팠을 때, 엄마의 젖을 배불리 먹었던 것과 같은 충족의 경험들은 유쾌한 기억으로 남아 있습니다. 그리고 다시금 우리에게 어떠한 욕구가 생겼을 때, 젖을 배불리 먹었을 때와 같은 충족을 통해 불쾌함을 해소하고 싶게 되는 것이지요. 최초의 충족 체험을 반복하고자 하는 바로 그 충동이 욕망을 만들어 내는 것입니다.

그러나 현실은 녹록지 않습니다. 우리의 욕망이 언제나 실현되는 것은 아니기 때문입니다. 예를 들어 한 여성이 1년간 출산 휴가를 받았고, 우리가 그 여성의 아기라는 입장을 가정해 봅시다. 아기의 곁에는 항상 엄마가 있을 겁니다. 엄마는 아기 곁에서 울면 얼러 주기도 하고, 젖을 먹이기도 하고, 기저귀를 갈아 주기도 하면서 내내 함께할 것입니다. 그러다가 출산 휴가가 끝나고 일터로 돌아가야 할 때가 됩니다. 이제 엄마는 아기의 곁에 하루 종일 있어 주지 못하는 것이지요. 그때부터 아기의 시련은 시작됩니다. '왜 엄마는 나를 만족시켜 주지 않는가?' 하며 말이죠.

이렇듯 우리의 욕망은 현실에서 만나는 다양한 제약 조건들 때문에 실현되기 어려운 상황을 맞이합니다. 아기 때 시원하게 기

저귀에 보던 대소변도 언제부턴가는 화장실에 가서 해결해야 하고, 화장실이 없을 때는 참을 줄도 알아야 합니다. 잠을 잘 때 이불에 지도도 그리지 말아야 하고요. 현실의 제약들이 욕망의 실현을 막습니다. 욕망이 억압되는 것이죠. 욕망이 억압되는 것은 이러한 현실 조건들에 의해서 이루어집니다. 그런데 억압된 욕망은 잠자코 있지 않고 어떤 형태로든 다시금 실현되는 경향이 있습니다. 바로 꿈과 같은 환상이라는 형태로 혹은 히스테리 증상과 같은 형태로 현실과의 타협점을 찾아 되돌아오는 것입니다.

프로이트는 억압과 욕망의 이러한 관계에 관심을 갖고, 이에 관한 비밀을 풀어 보려고 하죠. 그는 그 비밀을 푸는 방법에 '정신분석'이라는 이름을 붙였습니다. 정신분석은 분석가와 환자의 신뢰 관계를 바탕으로 합니다. 환자는 머리에 떠오르는 것들을 자유롭게 이야기하고('자유연상') 분석가는 연상의 조각들을 꿰는 중요한 기억에 관한 단서를 붙잡는 식이지요. 그리고 이를 통해 마침내 억압된 기억이 의식의 수면 위로 떠오르면서 환자의 증상이 해소되는 것이 분석의 마지막 과정이지요. 그의 연구는 좁게는 히스테리를 앓는 환자들의 증상을 치료하는 것에서 넓게는 인간 정신의 구조와 그 작용 과정을 소상히 밝혀내고 이론화하는 일에까지 이르는 기나긴 여정이었습니다.

이제부터 우리는 욕망과 억압에 관한 프로이트의 초기 견해를 빌려 우리의 정신은 어떠한 구조로 이루어져 있는지, 우리의 정신 작용은 어떻게 일어나는지, 우리는 어떻게 우리가 살고 있는 사회와 상호작용을 하는지에 관해서 좀 더 자세히 살펴볼 것입니다.

오이디푸스 콤플렉스 :
억압된 것은 욕망된다

프로이트는 억압의 근원을 한 신화에서 찾습니다. 오이디푸스 왕에 관한 신화인데요. 인류는 모두 오이디푸스처럼 행동하고 싶어 하는 욕망을 가지고 있다는 것입니다. 먼저 신화를 간략히 소개해야겠군요.

스핑크스가 낸 수수께끼를 풀어 스핑크스를 쫓아 버린 오이디푸스를 테베의 사람들은 왕으로 추대합니다. 그런데 그가 차지한 왕의 자리는 원래 자신의 아버지의 자리였습니다. 그가 결혼한 왕비는 자신의 어머니였지요. 어떻게 이런 일이 일어났을까요? 내막은 이렇습니다. 당시 테베의 왕과 왕비였던 부모 사이에서 오이디푸스가 태어났는데 신들은 오이디푸스가 '아버지를 죽이고 어머니와 결혼할 것'이라는 예언을 내놓습니다. 이 예언을 들은 아버지는 자식을 버릴 수밖에 없었죠. 그렇게 버려진 오이디푸스를 이웃 왕국에서 키우게 되었고, 성장한 오이디푸스는 자신에 관한 예언을 듣게 됩니다. 자신의 부모가 친부모가 아닌 줄 까

맣게 모르는 오이디푸스는 예언이 실행될까 두려워 길을 떠납니다. 그 와중에 우연히 만난 친아버지를 살해하게 되고, 어머니를 아내로 맞아 테베의 왕 자리를 차지하고 나서야 그 진실을 알게 된 것입니다. 결국 오이디푸스가 자신의 눈을 찌르는 것으로 비극적인 이야기는 마무리되죠.

프로이트는 이 신화가 인류의 보편적인 이야기로, 누구나 이와 같은 '오이디푸스 콤플렉스'를 갖게 된다고 말합니다. 자신과 동성인 부모를 경쟁자로 인식하기 때문에 그가 죽었으면 하고 바라는 욕망과 이성 부모와 성적으로 결합하고자 하는 욕망을 말입니다. 대부분의 문화권에서 근친상간을 금기하고 있다는 것을 근거로 들면서 말이죠. 프로이트는 이러한 오이디푸스 콤플렉스를 잘 극복하는 것이 정상적이고 문명화된 개인이 되는 길이라고 말합니다. 즉 오이디푸스적 욕망을 잘 억압하는 것이 오이디푸스 콤플렉스를 극복하는 주요한 과제가 되고 곧 우리는 이러한 성적인 욕망을 억압했다는 사실조차 잊어버리게 됩니다.

이러한 근원적 억압을 통해서 우리는 아버지이기도 하면서 사랑하는 여자(어머니)의 남편이기도 한, 뭐라고 부를지 모를 한 남자를 만나지 않고, 아버지를 아버지라고 부를 수 있는 정상적인 삶을 살아갈 수 있게 됩니다. 그러나 욕망은 가만히 없어지지 않고, 자신의 모습을 바꿔 가며 현실에서의 타협점을 찾는다고 했지요? 이러한 억압된 욕망은 꿈으로 실현되든 증상으로 나타나

프로이트 의자 환자가 프로이트와 상담할 때 비스듬히 기대앉는 의자이다. 환자는 가장 편안한 자세로 앉아 자신의 무의식에서 떠오르는 생각들을 자유롭게 연상했다.

든 가면을 쓴 왜곡된 모습으로 나타나게 됩니다. 문명화된 사회에서 살아가는 우리 모두에게 말입니다.

예를 들어 히스테리 환자의 증상은 주로 신체적인 고통으로 나타났는데 그 원인은 해부학적으로는 설명할 수 없는 것들이 대부분이었지요. 당시 히스테리 환자들은 대부분 부유한 계층의 여성들로, 성적으로 정숙할 것을 요구받았습니다. 이러한 사회적 금기는 이들의 성적 욕망을 억압했고, 억압된 욕망은 신체적인 증상으로 표출될 수밖에 없었던 것입니다. 즉, 이들의 증상은 심리적인 것에 원인을 둔 것으로 정신분석을 통해 고통이 해소될 수 있었던 것입니다. 환자는 자유연상을 통해 자신의 기억을 끄집어 내고, 정신분석가는 이들 중 증상과 관련된 기억을 포착해 내는 것이죠. 이 과정을 통해 환자는 자신의 욕망을 마주하게 되고, 증상의 원인으로 거슬러 올라갈 수 있게 됩니다. 이렇게 심리적인 원인으로부터 환자의 증상을 완화할 수 있는 실마리를 포착하는 것입니다.

프로이트의 정신분석실을 상상해 보면 좀 더 이해가 쉬울 것 같습니다. 분석실의 문을 한번 같이 두드려 보죠. 문틈으로 빼꼼히 보니 우리 또래로 보이는 한 친구가 소파에 편안하게 앉아 있군요. 그 친구는 말합니다. "선생님 수학 문제를 푸는 것이 너무 짜릿해요. 제게는 오직 수학만이 친구예요." 정말 부러운 친구가 아닐 수 없습니다. 모두가 머리를 싸매는 수학을 잘하는 데다 심지어 좋아할 수 있다니요. 그런데 프로이트는 이렇게 묻습니다. "좋아하는 이성 친구가 있니?" 그 친구는 대답하죠. "아니요! 저는 할 수만 있다면 수학을 제 연인으로 삼고 싶어요. 어쩜 그렇게 무궁무진하고 넓은 세계인지!" 몽환적인 표정을 짓고 있는 그 친구를 보며 프로이트는 단호하게 이렇게 말합니다. "자넨 성적으로 억압되어 있어!"

물론 과장해서 단순화한 혐의가 조금 있지만, 프로이트라면 결국에는 그렇게 말했을 것입니다. 「모나리자」를 그린 화가로 유명한 레오나르도 다빈치에게도 그는 그렇게 말했지요. 다빈치는 비단 화가로만 이름난 것은 아닙니다. 그의 미술 작품도 뛰어나지만 과학 분야에서 그의 관심은 타의 추종을 불허할 만큼 방대했으며, 많은 저술들도 남겼죠. 그러한 다빈치의 삶을 분석한 글에서 프로이트는 다빈치가 사실은 성적으로 억압되어 있다고 이야기합니다.

> 고삐 풀린 듯한 관능과 어두운 금욕주의가 대립하고 있던 시대에, 레오나르도는 여인의 아름다움을 묘사하던 예술가에게서는 기대할 수 없는 성에 대한 냉담한 거부를 보였다.
>
> —『예술, 문학, 정신분석』

풍부한 예술 작품이 쏟아져 나오던 르네상스 시대의 대표 화가였던 다빈치를 이렇게 평한다는 것은 좀 억지스러워 보이기까지 하는데요. 프로이트는 이에 질세라 근거들을 가져옵니다. 다빈치가 성행위하는 남녀를 그린 그림을 예로 들면서 말이죠. 그 그림에 등장하는 남성의 신체는 구석구석 자세하게 표현되어 있습니다. 반면 여성은 사람이라고 할 수도 없을 것 같은 몸통의 일부분만 묘사되어 있습니다. 게다가 남성의 머리는 상당히 여성적으로 표현되어 있으며, 두 사람의 다리가 엉겨 있어 누구의 것인지 분간할 수 없을 만큼 엉뚱하게 그려져 있죠.

프로이트는 이를 다빈치의 억압된 욕망과 관련지어 성적 억압이 다빈치가 여성을 제대로 그릴 수 없도록 만들었다고 설명합니다. 이 밖에도 여러 근거들을 들며 프로이트는 다빈치가 성적으로 억압되어 있다는 주장을 펼칩니다. 물론 다빈치 입장에서는 좀 억울할 수도 있을 겁니다. 그런데 프로이트는 그 억압의 원인까지 밝혀냅니다. 그리고 그를 통해 우리는 어린아이들의 성(性)에 관한 프로이트의 이론도 포착해 낼 수 있습니다.

다빈치의 어린 시절로 거슬러 가 봅시다. 다빈치는 1452년 피렌체에서 공증인이었던 아버지 세르 피에로의 서자로 태어납니다. 서자는 본부인이 아닌 여성과의 사이에서 낳은 자식을 말하죠. 우리나라에서는 홍길동이 대표적입니다. 어쨌거나 어머니인 카타리나는 가난한 집안의 딸로 결국 다빈치의 아버지와 결혼은 하지 못했다고 합니다. 사랑하는 남자와 결혼을 하지 못한 어머니, 그리고 가여운 아들 다빈치. 어머니는 그 상황이 몹시 슬펐을 겁니다. 남편의 빈자리와 가여운 아들 다빈치를 생각하며 눈시울도 많이 적셨겠죠. 그러면서 어머니는 자연스럽게 어린 다빈치를 남편의 자리에 세우게 됩니다. 아직 어렸던 다빈치는 불쌍한 어머니를 위로하기 위해 빨리 성숙할 수밖에 없었을 겁니다. 그것이 바로 다빈치의 욕망이 억압된 원인이라고 프로이트는 말합니다.

아니 그런데, 그 어린 나이에 단지 남들보다 빨리 성숙해졌다고 해서 성 억압이 일어났다는 말이 이해가 되나요? 그 작디작은 아이가 무얼 안다고 말이죠. 그런데 프로이트는 어린아이에게도 성적 호기심이 있다고 이야기합니다. 잘 돌이켜 보면 썩 이해가 안 되는 말도 아닙니다. 어린아이들은 자신의 성기를 만지작거리며 가지고 놀기도 하고, 자신의 것과는 다른 이성의 어른들의 성기가 궁금해서 졸졸 쫓아다니며 한번 보게 해 달라고 칭얼대기도 합니다. 어린이도 자위를 한다는 사실 또한 이제는 널리 알려진 일이지요. 좀 더 일상적으로는 여자 친구들의 치마를 걷어 올리는 '아이스케키' 같은 나쁜 장난도 성적 호기심에서 비롯된 것이라고 할 수 있습니다.

이처럼 프로이트는 모든 인간이 성적인 충동을 가지고 태어난다고 말합니다. 신체에 변화가 생기는 2차 성징기나 되어서야 성에 눈을 뜨는 것이 아니라, 우리는 이미 모두 성적인 호기심과 성적인 충동을 가지고 태어난다는 것이죠. 이것이 바로 프로이트의 '유아 성욕'에 관한 이론입니다. 어린아이를 순수한 존재로 여기던 이전의 시각을 깨는 아주 파격적인 이야기가 아닐 수 없었습니다.

성 본능에 관한 일반적인 견해 가운데 하나는, 유아기에는 성 본능이 존재하지 않고 사춘기에 가서야 일깨워진다는 주장이다. 그러나 이것은 단순한 실수에 그치는 것이 아니라 중대한 결과를 초래하는 오류이다. 왜냐하면 우리가 지금 성생활의 근본적인 조건들을 알지 못하는 까닭이 주로 이러한 주장에 기인하기 때문이다. 유아기의 성적인 징후를 철저히 연구한다면 성 본능의 본질적인 특성들이 드러날 것이며, 우리에게 그 발달 과정과 다양한 근원들로부터 교직되는 방식들을 보여 줄 것이다.

—『성욕에 관한 세 편의 에세이』

'유아 성욕'의 주요한 입장은 다음과 같습니다. 어린아이들은 자신들이 하고 싶은 것은 무엇이든 하려고 하지요. 어른들이 똑같이 행동했더라면 꺼려졌을 성적인 행위라도 거리낌이 없습니다. 그러나 아이들은 학교에서, 또 어른들에게 꾸중을 드는 등의 과정을 거치며 성적인 행동들을 내놓고 하는 일에 대해 제지를 받습니다. 아이들은 이러한 과정을 통해 자신들의 성적인 관심과 충동을 억누르고 다른 곳으로 돌려야 한다는 사실을 알게 됩니다. 이는 어린아이들이 겪게 되는 일종의 사회화로 현실의 조건들을 습득하는 과정인 것입니다.

그런데 이처럼 억압된 욕망들은 어디로 가는 것일까요? 프로이트는 그에 대한 대답으로 '무의식'의 존재를 강조합니다. 무의식은 장소적 개념이면서 동시에 역동적인 개념으로, 의식으로 환원되지 않는 심리 현상을 말합니다. 프로이트에 따르면 욕망은 바로 이러한 무의식의 장에 존재합니다. 억압된 욕망은 잊힌다고 말씀드렸죠? 그런데 잊힌 욕망은 소멸되는 것이 아니라 무의식에 여전히 존재합니다. 그렇기 때문에 무의식은 일종의 장소라고 불릴 수 있는 것이지요. 그리고 억압된 욕망은 무의식 안에서 조용히 잠들어 있지 않습니다. 수많은 저항을 뚫고 의식 세계로 삐져나와 충족을 향해 달려 나가려 하기 때문입니다. 때문에 무의식은 장소라고도 할 수 있지만 동시에 그 안에서 일어나고 있는 욕망의 운동이 있으므로 역동적인 것이라고도 할 수 있는 것이죠.

우리는 히스테리 환자의 사례에서 그들의 증상이 이러한 무의식적 욕망의 억압과 관련이 있다는 사실을 알았습니다. 그런데 유아 성욕과 그 억압에 관한 프로이트의 입장은, 억압이 히스테리 환자들에게만 국한된 것이 아니라는 점을 시사합니다. 히스테리 환자의 증상과 그 원인을 통해 그를 치료하는 데 국한되어 있던 '정신분석'이 보편적인 인간의 정신 체계를 다룰 수 있게 되었다는 점에서 정신분석의 지평을 넓히는 계기를 마련한 것이지요. 이는 『꿈의 해석』에서 이미 시작된 것이었습니다. 꿈이라는 재료를 분석함으로써 인간의 욕망이 어떻게 억압되고, 또 억압된 욕망은 어떻게 현실과의 타협점을 형성해 충족의 기회를 노리게 되는지를 통해서 말입니다.

꿈 :
억압된 것은 회귀한다!

프로이트는 꿈을 일컬어 "억압된 소원의 위장된 성취"라고 말합니다. 어떤 욕망은 그대로 실현될 경우 불쾌감을 유발할 수 있죠. 예를 들어 길을 가다가 오줌이 마렵다고 다 큰 어른이 어린아이처럼 아무 데나 일을 본다면 어떨까요? 길 가던 사람들은 그 행동을 보고 소리를 지르거나 슬금슬금 이상한 눈길을 보내며 피하거나 더 나아가서는 신고를 하겠죠. 이러한 방식으로 욕망을 해소할 경우 신체적으로는 만족할 수 있겠지만 수치심에서 비롯된 불쾌한 감정을 피할 수 없게 됩니다. 이는 암묵적으로 우리가 동의하고 있는 사회적 규칙 때문이기도 할 것이고, 개인이 스스로 가지는 신념 때문이기도 할 겁니다. 그래서 우리는 이러한 불쾌감을 피하기 위해 '아무 데서나 볼일 보고 싶다!'와 같은 욕망들을 억압하게 됩니다.

그러나 욕망이 억압되었다 하더라도 그 욕망에 투여되었던 에너지는 남게 됩니다.(프로이트는 이 에너지를 '리비도'라고 이름 붙입니다.) 이것이 바로 꿈이라는 환상을 만들어 내는 원동력이 됩니다. 그리고 꿈은 현실의 재료들, 특히 최근에 경험한 재료들로 욕망의 실현을 위한 우회적 '환상'을 만들어 냅니다. 이 환상을 통해서 욕망은 슬그머니 성취됩니다.

> 비꼬기 좋아하는 어떤 부인이 자신보다 나이가 적은 친구가 약혼을 하자 아는 사람들에게 하루 종일 약혼한 남자를 알고 있느냐, 그 남자를 어떻게 생각하느냐는 등의 질문을 받았다. 그때마다 그녀는 극구 칭찬하는 말을 늘어놓았으며, 자신의 본심을 드러내지 않았다. 사실은 그가 '평범한 사람'(Dutzendmensch)이라고 말하고 싶었던 것이다. 밤에 그녀는 같은 질문을 받는 꿈을 꾸었으며, '추가로 주문할 경우에는 숫자만 대면 된다.'는 문구로 대답했다.
>
> —『꿈의 해석』

부인은 자신의 사회적 지위를 고려해야 했을 뿐만 아니라 약혼한 이와 친구 관계이기도 했기 때문에 다른 사람들에게 친구의 약혼자에 대해 함부로 나쁜 말을 할 수 없는 처지였습니다. 하지만 그녀의 속마음에는 '그 약혼자가 별 볼 일 없다.'는 생각이 자리하고 있었고, 그것을 말하고 싶었던 것이죠. 이러한 억압된 욕망은 마침내 꿈에서 분출됩니다. "추가로 주문할 경우에는 숫자만 대면 된다."라는 생뚱맞아 보이는 대답을 통해서 말이죠. 이는 꿈에서 언급되었던 숫자를 열쇠로 삼아 꿈을 해석해 보면 알 수 있습니다. 평범한 사람을 뜻하는 독일어 단어인 Dutzendmensch에서 Dutzend는 12개들이를 칭하는 '한 다스'라는 의미입니다. mensch는 사람이라는 뜻이고요. 따라서 Dutzendmensch는 한 다스의 사람입니다. 즉 그 여인이 말하고 싶었던 것은 '그런 사람은 한 다스나 있다.'는, 친구의 약혼자를 무시하는 말이었던 것입니다.

이와 같이 꿈을 해석하는 작업은 억압된 욕망을 찾아 들어가기 위한 좋은 수단입니다. 그런데 증상이 환자들에게만 나타나는 데 반해 꿈은 우리 모두가 꾸는 것이지요. 이는 곧 특정한 증상을 겪지 않는 사람들에게도 억압은 존재하며, 꿈이 이러한 억압된 욕망의 보편적인 해소 방편이라는 사실을 의미합니다. 이를 통해 프로이트는 인간 정신 작용의 원리와 그 역동을 밝혀낼 수 있었던 것이지요.

애초에 프로이트가 관심을 가졌던 것은 히스테리와 같은 신경증에 대한 해답이었습니다. 그런데 꿈의 해석을 통해 얻어진 결과는 신경증이 정신 상태에 침입한 어떤 병적인 요인으로부터 비롯되는 것이 아니라는 점이었죠. 꿈을 통해서 알 수 있는 것은 우리의 욕망이 종종 은폐되고 억압되어 무의식에 남아 있다는 것이고, 억압된 욕망이 우회로를 통해 그 목적을 달성한다는 것이었습니다. 신경증의 과정 또한 이와 마찬가지이죠. 신경증적 과정은 정상인의 심리 구조 속에 이미 존재한다는 설명이 되겠죠.

결국 욕망과 억압의 관계는 특수한 병에 국한된 것이 아니라 모든 사람의 정신 과정에서 일어나는 일이라는 결론에 도달하게 된 것입니다. 이는 정신분석의 대상이 특정한 환자에 국한되는 것이 아니라 보편적인 인간 전체로 확장되었다는 것을 의미합니다. 정신분석은 이제 인간의 정신 작용 전반에 대한 체계를 구축한 하나의 독자적인 학문으로 우뚝 설 수 있게 됩니다. 바로『꿈의 해석』을 통해서 말입니다.

그리고 우리는 여기서 '억압된 것은 회귀한다.'는 프로이트의 명제를 확인할 수 있습니다. 즉 욕망은 억압되더라도 다시금 돌아와 성취되고 맙니다. 스스로를 위장하여 환상을 직조해 내는 방식으로 말이지요. 최근의 기억에서 비롯된 재료들을 활용해 자신의 노골적인 욕망을 위장하고, 억압하고자 하는 마음속의 검열관을 슬쩍 속이고서는 재빨리 성취되는 것이 우리의 꿈인 것입니다. 그리고 이는 문명화된 사회를 살아가는 누구에게서나 일어나는 일이라는 것이 프로이트의 설명입니다. 욕망은 사라지지 않습니다. 옮겨 다닐 뿐이지요.

승화 :
억압된 욕망의 사회적인 방향 전환

문명사가들은 모든 종류의 문화적 성취가 있을 때마다 성 목적으로부터 벗어나 다른 목적으로 방향을 돌린—'승화'라고 이름 붙일 만한—성 본능의 힘에 의해 얻어진 강력한 구성 요소들이 존재한다는 데 견해가 일치하는 것으로 보인다.

—『성욕에 관한 세 편의 에세이』

프로이트는 억압된 욕망을 환상의 방식이 아니라 사회적으로 득이 되는 방향으로 해소하는 방법이 있다고도 말합니다. 성적이지 않은 목표를 통해 억압된 욕망의 갈 길을 찾아 주는 '승화'입니다. 그런데 프로이트에 따르면 이런 승화의 경우에도 목표들이 겉으로만 성적이지 않다고 말합니다. 사회적으로 용인되지 않는 성적인 욕망, 오이디푸스적인 욕망들이 본래의 목적과는 달리 성적이지 않은 방향으로 해소되는 것이 승화이기 때문입니다. 성적인 욕망들은 전환되어 아름다운 음악이 되기도 하고, 화려한 미

술 작품이 되기도 하고, 유려한 문장이 되기도 합니다. 우리의 욕망은 그 힘의 방향을 돌려서 작품을 생산하는 힘으로 발산해 낼 기회를 얻을 수 있다는 말입니다.

이렇게 생산된 예술적 창조물들은 자신을 괴롭히는 증상으로 돌아오지도 않을뿐더러 삶과 세계를 풍성하게 가꿔 주는 자양분이 됩니다. 탐구나 지적 활동, 사회적으로 큰 가치가 있는 활동들이 그것이죠. 프로이트는 인간이 이룩한 찬란한 문명 또한 이러한 승화에 의한 결과라고 말합니다.

그의 욕망은 순화되어 탐구 본능에 종속되었다. (…) 그는 단지 격정을 지적인 열정으로 변형시켰을 뿐이다. 따라서 그는 열정에서 유래하는 꾸준함과 의지와 심화시키는 능력을 가지고 탐구에 몰두했다. 그래서 지적 작업의 절정에서 일단 지식을 터득하면 그는 오랫동안 억눌러 왔던 충동을 풀어 놓았고 이 충동은 마치 물레방아를 돌리고 난 물줄기가 갑문을 따라 다른 곳으로 흐르듯이 열려진 갑문을 통해 다른 곳으로 흘러갔다. 탐구의 정점에서 그가 조직된 전체를 한눈에 굽어볼 수 있을 때, 비로소 감동의 파토스가 그를 사로잡았고, 그는 흥분된 어조로 자신이 연구한 작품이 가지고 있는 숭고함을 칭송하거나 혹은 일종의 종교적 형태를 빌려 창조자의 위대함을 극찬하기도 했다.

—『예술, 문학, 정신분석』

프로이트는 물줄기로 표현된 다빈치의 리비도 에너지가 사랑이나 증오로 흐르지 않고 탐구와 창조 활동으로 흘러 들어갔다고 묘사하고 있습니다. 사랑과 증오는 격정을 동반합니다. 그런데 그러한 격정은 큰 에너지, 큰 욕망과 관련된 것입니다. 다빈치에게 격정이 없던 것이 아니라는 이야기는 그의 욕망도 다른 이들의 욕망과 마찬가지로 실현하고자 하는 충동을 가득 품고 있더라는 말입니다. 사람을 만나서 격정적으로 사랑하고자 하는 보편적인 욕망들과 마찬가지의 크기라는 말이죠. 그런데 그는 이 욕망을 지적 탐구와 창조 활동 쪽으로 흘려보냅니다. 그리고 그 안에서 충족을 경험하게 되는 것입니다. 이는 환상에 의한 충족과 비교해 보았을 때 다른 목표에서 충족을 경험한다는 측면에서는 같지만 그것이 현실적인 생산물들을 만들어 낸다는 점에서 다릅니다. 꿈은 상상의 생산물을, 승화는 현실의 생산물을 만들어 낸다는 것이죠. 이러한 사회적 생산물들은 우리의 문명과 사회를 더욱 풍요롭게 만듭니다.

물줄기의 비유를 통해서 우리가 더 알 수 있는 것은, 프로이트가 정립하고자 했던 심리학적 원리입니다. 앞서 리비도 에너지라는 것을 설명했지요? 이는 성적인 충동의 근저에 있는 에너지입니다. 눈치챘는지 모르겠지만 프로이트는 인간의 심리 현상을 리비도 에너지의 이동을 중심으로 설명하지요. 이는 에너지의 양과 방향에 따른 설명이라는 점에서 일종의 물리학 혹은 경제학과 비숫해 보입니다. 때문에 프로이트의 이론을 '리비도 경제학'이라고 부릅니다. 그리고 이를 통해 우리는 인간 심리의 역동을 자연과학적인 설명 방식을 통해 '심리의 과학화'를 정립하려는 프로이트의 욕망을 엿볼 수 있는 것이죠.

프로이트가 남긴 이야기들

지금까지 프로이트가 말하는 '욕망'에 대해서 이야기 나누었습니다. 욕망은 사회적인 규칙과 금지에 의해서 검열되고, 표출되면 안 되는 욕망의 경우 억압됩니다. 이는 특정한 신경증 환자에게만 해당하는 것이 아니라 문명화된 사회에서 살아가는 우리 모두에게 해당합니다. 그렇기 때문에 먼저 욕망은 '숨겨진 것'이 됩니다. 그런데 이렇게 억압된 욕망은 없어지지 않습니다. 무의식 어딘가에서 살아 있던 욕망은 어떻게든 의식의 검열을 뚫고 나가 보려고 가면을 쓰고 위장을 합니다. 지난밤 이상했던 꿈 내용처럼 말입니다. 프로이트는 이러한 방법을 환상을 통한 욕망의 성취라고 하였지요. 이 모든 과정 또한 무의식적입니다. 때문에 우리는 어젯밤 꿈이 평소 생각과는 다른 내용이라고 의아해합니다. 프로이트는 바로 이 지점을 통해서 우리의 진정한 욕망이 어떠한 과정을 통해서 왜곡되지만 또 한편으로는 삐져나오고 성취되는지를 보여 줍니다.

도입부에서 예를 들었던 영화를 다시 떠올려 볼까요? 닉 마샬은 여성을 대상으로 하는 마케팅을 성공시키기 위해 여성들의 마음에 대해 궁금해합니다. 그리고 그는 운 좋게도 감전을 통해 여성의 속마음을 들을 수 있게 되죠. 여기에 대해서 프로이트라면 어떻게 이야기할까요? 그는 아마도 여성이 하는 말은 그것이 속마음일지라도 진정한 욕망이 아니라고 말할 것입니다. 노골적인 욕망은 속마음에서라도 그대로 드러날 수 없습니다. 욕망은 자신을 숨기곤 다른 모양새를 버젓이 취해서 발견되지 않은 채 성취되길 바라죠. 그렇다고 닉 마샬에게 기회가 없는 것은 아닙니다. 속마음에서 들려오는 말들은 그녀들의 욕망에 대한 진실을 어느 정도는 담고 있지요. 바로 이러한 지점을 찾아 들어가 본다면 여성들의 진정한 욕망을 찾을 수 있을 것이라고 프로이트는 말할 겁니다. '정신분석'을 통해서 말입니다.

　이처럼 프로이트는 욕망을 다른 차원으로 데려다 놓습니다. 이전의 욕망에 관한 연구들에서는 끓어오르는 욕망이 긍정적인 것인지 혹은 절제하고 멀리해야 할 부정적인 것인지에 대해 논쟁하기에 바빴습니다. 그런데 프로이트는 인간의 심리를 체계적으로 과학화하려는 과정에서 욕망에 관한 독특한 견해를 세울 수 있게 됩니다. 직접 환자를 대면하고 임상하는 과정을 통해 욕망의 발생 원인과 욕망이 표출되거나 억압되는 방식 등 욕망을 둘러싼 움직임의 구조 자체를 체계화할 수 있었던 것이지요. 그 과정에서 오이디푸스 콤플렉스, 의식과 무의식, 리비도, 어린아이의 성과 같은 개념들을 도출해 내었고요. 이러한 개념들이 서로 어떻게 관련되는지를 연구하는 과정에서 '정신분석'이라는 학문이 집대성되었지요.

　이는 철학적으로는 당시 인간의 이성을 중시했던 경향에 반하는 것이었습니다. 단일하지 않은 인간 주체는 분열된 것이라는 점을 그려 내었다는 점에서 의미가 있지요. 의식과 무의식의 분열 그리고 사회와 인간의 만남 속에서 운동하는 것으로서 욕망을 설명했기 때문에 욕망을 정적이고 단일하지 않은 것으로 정의했다는 것 또한 독특한 지점입니다. 이는 한 인간의 내면에 관한 연구가 되고, 더 나아가서는 인간의 욕망이 사회와의 상호작용 속에서 운동한다는 측면 또한 밝혀낸 것이기도 합니다. 때문에 프로이트의 임상 사례들은 한 개인의 내밀한 기록이면서 동시에 당시 사회를 관통하는 규칙과 금지들을 그려 볼 수 있는 힌트도 줍니다. 때문에 이후 프로이트의 이론은 정신분석으로 계승되고 변형되기도 하고, 개인에 집중하는 심리학으로 좁혀지기도 하고, 문학과 예술 이론의 한 갈래를 이루기도 합니다. 이것이 프로이트의 정신분석학이 가지고 있던 욕망의 무의식적 발현이라고 한다면 어떨까요? 아직 우리가 모르는 더 많은 것들이 남아 있을지 모릅니다. 그리고 우리는 그를 위해 여전히 프로이트를 읽고 비판하고 계승하고 있는 것일지도 모릅니다.

5

나에게 좋은 것이 무엇인지 알아내는 방법이 있을까?

프리드리히 니체 『도덕의 계보』

이미라

"도덕에, 지금까지 지상에서 도덕으로

찬양되어 온 모든 것"을 의심해야 한다.

그리하여 자기가 누구인지,

자기가 좋아하는 것이 무엇인지를 감추고 있는

도덕적 편견을 걷어 내야 한다.

－『도덕의 계보』

잎싹과 니체

'잎싹'이 누군지 아세요? '마당을 나온' 암탉의 이름입니다. 동화 『마당을 나온 암탉』이 베스트셀러였고, 이후 만화영화로 만들어져 220만 관객을 기록했으니까, 한 번쯤은 들어 봤을 거예요. 잎싹은 원래 알을 얻기 위해서 길러지는 닭이었죠. 그래서 닭장에 갇혀 지냈고요. 그러다가 잎싹은 스스로 알을 품어 병아리를 낳아 키워 보고 싶어 합니다. 험난한 과정을 겪으면서 결국 잎싹은 원하던 대로 '알을 품어' 청둥오리의 엄마가 됩니다. 잎싹은 이렇게 말합니다. 자기가 하고 싶은 것을 하면서 살아야 한다고, 만일 하고 싶은 것이 무엇인지 모르겠으면 먼저 스스로에게 물어보라고 말입니다.

보통 좋다고 생각되는 것을 가치 있는 것이라고 생각하고 그것을 추구하는 삶을 살고자 합니다. 남을 돕는 행위를 좋다고 생각하는 사람이 남을 도와주는 삶을 살고 싶어 하는 것처럼 말입니다. 그런데 잎싹은 그 '좋은 것'이 과연 누구에게 좋은 것인가를 물어보라고 말합니다. 자기에게 좋은 것인지 아니면 다른 누구에게 좋은 것인지, 남을 돕는 이타적 행위가 과연 자기에게 좋은 것이어서 가치 있다고 생각하는 것인지, 아니면 많은 사람들이 좋고 가치 있다고 생각해서 자기도 그냥 '좋겠지' 하고 무심히 받아들인 것은 아닌지를 물어보라고 합니다. 그 물음의 결과 자기에게 좋은 것이라면 그것을 추구하는 삶을 살라는 것이지요.

그러나 자기에게 좋은 것이 무엇인지를 아는 것이 쉽지는 않습니다. 사람들은 의외로 자기를 잘 모르거든요. 철학자 프리드리히 니체(Friedrich Nietzsche, 1844~1900)는 『도덕의 계보』(1887)에서 이렇게 말합니다.

> 우리는 자기 자신을 잘 알지 못한다. (…) 우리는 필연적으로 우리 자신에게 이방인이다. 우리는 우리 자신을 이해하지 못한다. 우리는 우리 자신을 혼동하지 않을 수 없다. '모든 사람은 자기 자신에 대해 가장 먼 존재이다.'라는 명제는 우리에게 영원히 의미를 지닌다. 우리 자신에게 우리는 '인식하는 자'가 아닌 것이다.

니체에 따르면 우리는 자기에게 좋은 것이 무엇인지 알지 못하고, 그저 다른 사람들에게 좋고 그들이 좋다고 하는 것을 마치 자기에게도 좋고 자기가 좋아하는 것인 양 혼동합니다.

그런데 왜 우리는 자기에 대해 잘 알지 못하는 걸까요? 우리는

니체 독일의 철학자이자 시인으로, 서구의 전통적인 종교와 도덕, 철학에 깔린 근본 동기를 밝히려 했다. 철학자와 심리학자뿐 아니라 예술가 등에게 깊은 영향을 미쳤다.

자기 자신이 원하는 것이 무엇인지 알기 위해 "한 번도 자신을 탐구해 본 적이 없"기 때문이라고 니체는 말합니다. 또한 자기를 들여다보고 자기에게 좋은 것이 무엇인지를 탐구하려고 하면, 못하게 막는 것이 있다고 합니다. 바로 '도덕'입니다. 니체는 자신에게 진정 좋은 것을 찾아내고 그것을 추구하기 위해서는 '도덕'이란 이름으로 이야기되는 가치들을 한번 의심해 봐야 한다고 말합니다.

"도덕에, 지금까지 지상에서 도덕으로 찬양되어 온 모든 것"을 의

심해야 한다. 그리하여 자기가 누구인지, 자기가 좋아하는 것이 무엇인지를 감추고 있는 도덕적 편견을 걷어 내야 한다.

니체가 살던 사회는 기독교의 금욕주의가 지배하고 있었습니다. '금욕'은 '욕망을 억제한다.'는 뜻인데, '모든' 욕망을 억제한다는 것은 아닙니다. 어려운 사람에 대한 동정이나 이웃 사랑 등 이타적이고 자기희생적인 기독교적 가치만을 욕망해야 하고 그 가치와는 다른 가치는 욕망하지 말라는 의미에서의 금욕입니다. 당시 기독교적 금욕 문화에 젖어 있던 사람들은 당연히 자신에게 좋은 가치가 무엇인지, 자신이 원하는 것이 무엇인지 알기 어려웠고, 알려는 시도조차 할 수 없었던 거죠. 만일 누군가 기독교적 가치가 아닌 '자기에게 좋은 것을 추구하는 삶'을 살아가려는 모습을 보이면, 신의 이름을 빌려 그의 삶을 불완전하고 신성하지 못한 것으로 취급하고 억눌렀습니다.

그러나 어느 시대 어느 사회나 '반골'들은 있게 마련입니다. 니체도 지배 계급에 대항하고 주류 문화에 저항하는 반골 기질을 가진 사상가였습니다. 그는 당시의 금욕주의에 대항하여 새로운 사유의 대지를 일구어 내려고 했습니다. 그는 먼저 기독교의 금욕주의적 가치가 과연 누구에게 좋은 것인지를 까발립니다. 앞에서도 언급했지만, 금욕주의 아래에서는 나만을 위한 무언가를 욕망하는 것은 금물입니다. 그런데 이게 어디 쉬운 일이겠습니까?

그래서 사람들은 늘 금욕하지 못한 자신을 탓하고, 죄의식이 강해지면 강해질수록 더욱더 성직자에게 의존하게 되는 겁니다. 자연히 성직자의 권력은 점점 강력해지죠. 금욕주의는 '성직자 계급'에게 좋은 가치였던 겁니다.

이제 성직자에게 좋은 것이 아니라 사람들 자기에게 좋은 가치를 찾아 나서야겠지요? 그래서 니체는 사람들에게 다음과 같은 물음을 던져 보라고 말합니다. '도덕'이 도대체 누구에게 가치 있는 것인가, 나 자신에게인가 아니면 다른 누구에게인가. 니체는 나에게 가치 있는 것을 추구하면서 사는 삶이 진정으로 삶을 사랑하는 것이고 인생의 주인으로서 살아가는 것이라고 생각한 사상가거든요. 니체는 당시의 도덕이 과연 누구에게 가치 있는 것인지, 그 기원을 따져 들어갔습니다. 도덕적 가치의 기원에 관한 니체의 사유를 담은 책이 『도덕의 계보』입니다.

책 제목에 쓰인 '계보'라는 말은 어떤 대상이나 개념이 만들어진 이유나 과정을 뜻합니다. 니체에게 '계보를 따진다.'는 말은, '좋다' '나쁘다' '선하다' '악하다'라는 개념이 만들어진 이유나 과정을 밝히는 것이지요. 이 책에서 니체는 당시 좋다고 떠받들어졌던 금욕주의적 가치가 어떤 이유나 과정을 통해 그렇게 되었는지를 따지고 있습니다. 이러한 니체의 '계보학적 사유'의 성과를 빌려, 이 글에서는 우리가 무심히 좋다고 받아들이고 추구하는 '가치'가 과연 누구에게 좋은 것인지를 따져 보고, 나아가 '나'에

게 좋은 가치 자체를 만들어 내기 위해서는 어떻게 해야 하는지
를 생각해 보려고 합니다.

생산의 관점에서
욕망을 생각하다

니체에 따르면 인간은 무엇인가를 욕망하는 존재입니다. 이에 대해 자신은 '아무것도 욕망하지 않는다.'고, 오히려 '욕망하는 것을 억제한다.', 즉 금욕한다는 점을 들어 반박할 수 있습니다. 그런데 니체는 '금욕도 욕망이다.'라고 말합니다. '욕망하지 않는 것' 혹은 '욕망하는 것을 억제하는 것'도 욕망의 대상일 수 있고, 그러기에 금욕도 누군가에게는 좋은 가치일 수 있다는 거죠. 물론 앞에서도 보았듯이 '금욕을 욕망하는 것'은 성직자 계급에게 좋은 가치였던 셈이고요. 그렇다면 이제 중요한 것은 어떤 것을 욕망할 때 그것이 과연 누구에게 좋은 것인가를 따지는 것이고, 자기에게 좋은 것을 어떻게 알 수 있는가 하는 것입니다.

그런데 욕망이란 어떤 뜻일까요? 무언가를 원하는 것이니까 '하고 싶어 하는 것'을 '욕망'이라는 단어로, '하고 싶은 것을 하면서 사는 삶'을 '욕망에 따라 사는 삶'이라고 표현하겠습니다.

욕망은 원하는 이유가 무엇인가에 따라 두 가지로 나누어 볼 수 있습니다. 하나는 어떤 것이 부족한 상태여서 그 부족한 것을 메우기 위한 욕망입니다. 사랑이 부족한 사람이 사랑받기를 욕망하는 경우가 그 예입니다. 국어사전에서 욕망의 의미를 '부족함을 느껴 무엇을 탐하는 것'으로 풀이한 것을 보면 아마도 대부분의 사람들은 이런 의미로 욕망을 이해하고 있는 것 같습니다.

다른 하나는 부족함과는 관계없이 어떤 것이 그 자체로서 좋고 가치 있게 느껴져서 원하는 욕망입니다. 가족, 사회를 위해 자기희생적인 삶을 살던 사람이 그러한 이타적인 삶에 가려져 있었던 '자기에게 좋은 어떤 것'을 발견하고 추구하는 경우입니다. 사람들이 보통 가치 있다고 여기는 비이기적인 것들, 즉 동정심, 자기희생 등의 가치와는 전혀 다른 '자기에게' 좋은 새로운 가치를 추구하는 거죠. 이 경우 설령 곤경에 처한 사람을 구해 주는 동일한 행위를 하더라도 이전처럼 '동정심'에서가 아니라 곤경에 처한 사람이 적은 사회에 살고 싶다는 생각에서 그런 행위를 하는 겁니다.

첫 번째의 욕망이 부족함의 관점에서 바라본 욕망의 의미라면, 두 번째 것은 이전에는 없었던 혹은 이전과는 다른 새로운 가치를 추구하고 새로운 삶을 낳는다는 뜻에서 생산이란 단어를 붙여서 생산의 관점에서 본 욕망이라고 말합니다.

어떤 것이 부족한 상태에서 내가 원하는 것이 무엇인지를 아는 것은 쉽습니다. 목마를 때 물을 원하고 배고플 때 먹을 것을 원하는 경우처럼 부족함 그 자체가 원하는 것을 알려 주기 때문입니다. 부족함의 관점에서 본 욕망의 경우는 원하는 것이 무엇인지 알기 위해서 애써 노력할 필요가 별로 없습니다.

생산의 관점에서 본 욕망의 경우는 다릅니다. 기존의 익숙한 것과는 다른 새로운 어떤 것을 원하는 것이기 때문에, 내게 좋은 것이 무엇인지, 내가 원하는 것이 진짜 내가 원하는 것이 맞는지, 내가 원하는 것을 실현하기 위해서 무엇을 어떻게 해야 하는지 등에 대해 따져 보아야 하고 특별한 노력을 기울여야 합니다. 그래서 니체가 욕망에 대해 많은 이야기를 했었나 봅니다. 그는 생산의 관점에서 욕망을 바라보았던 대표적인 사상가거든요.

사이코가 될 수 있는 능력

니체는 다른 사람들에게 좋은 것, 남들이 좋다고 말한 것이 아니라, 자신에게 좋고 가치 있는 것을 추구하면서 살라고 주장합니다. 그렇다면 돈을 원해서 돈을 버는 삶, 남과 싸우는 것을 원해서 싸우는 삶, 도둑질을 원해서 도둑질하는 삶, 살인을 원해서 살인하는 삶, 이런 삶도 본인이 자기에게 좋다고 생각하고 원하는 것이라면 니체가 권하는 삶이라고 볼 수 있을까요?

니체가 말하는 '자신에게 좋고 그래서 원하는 것'이란 인생을 걸 만한 일을 뜻합니다. 아무리 돈을 원해도 돈 버는 것 자체에 인생을 걸고 싶은 사람이 과연 몇이나 될까요? 남과 싸우는 것에 인생을 걸고 싶은 사람이 있을까요? 살인을 하는 데 인생을 걸고 싶은 사람이 있을까요?

자신에게 진짜 좋은 것인지, 자신이 원하는 것이 인생을 걸 만한 것인지 아닌지를 알기 위해 니체는 자신에게 두 번 물어볼 것을 권합니다. 한 번은 네가 원하는 것이 무엇이냐, 진정 그것이 네게 가치 있는 것이라고 생각하느냐를 묻는 것입니다. 또 한 번은 네가 원하는 대로 산 결과가 어떻든지 간에 받아들일 수 있느냐를 묻는 것입니다. 이러한 두 번의 물음에 모두 '예'라고 대답할 수 있다면 그것은 진정 그에게 좋은 것이고 그가 추구해도 되는 가치라는 거죠.

도둑질을 예로 들어 보겠습니다. '나는 도둑질을 원하는가?'라는 첫 번째 물음에 대해 '예'라고 대답할 수는 있습니다. 그런데 그런 삶을 살다가 잡혀서 감옥에서 평생을 보내는 삶을 살게 될지도 모르는데 그래도 괜찮겠냐는 두 번째 물음에 대해 '예'라고 대답하기는 쉽지 않을 것입니다. 그렇다면 도둑질하면서 사는 삶은 그에게 좋은 것도 아니고, 인생을 걸 만큼 원하는 가치 있는 것도 아닙니다.

또 다른 예를 들어 볼게요. 50대의 나이에 직장을 그만두고 공부하는 삶을 살겠다고 나선 사람이 있습니다. 이전까지 공부와는 별 관계없는 일을 하다가 뒤늦게 좋은 직장을 그만두고 공부하는 삶을 살겠다는 겁니다. '공부하면서 살기를 원하는가?'라는 첫 번째 물음에 대해 그는 당연히 '예'라고 대답합니다. 두 번째 물음인 공부하는 삶을 살게 될 때 올 수 있는 경제적 빈궁과 주변의 곱지 않은 시선, 그리고 굳어 버린 두뇌 활동으로 느끼게 될 좌절감과 고독함을 받아들일 수 있는가에 대해 '예'라고 대답합니다. 그렇다면 늦깎이 공부는 그에게 있어 인생을 걸 만큼 원하는 것이라

고 볼 수 있죠.

그런데 니체가 제안한 '두 번의 물음'은 첫 번째 물음에 대해 '예'라고 대답하는 경우, 다시 말해 자신이 원하는 것이 있는 경우에, 다만 그것이 진짜 자신이 인생을 걸 만큼 원하는 것인가를 확인할 때 유용하게 써먹을 수 있는 방법입니다. 만일 첫 번째 물음에서 자기에게 좋은 것이 무엇인지, 자신이 원하는 삶이 무엇인지 잘 모르겠다고 대답하는 사람이 있다면 그는 어떻게 자신이 원하는 것을 찾아갈 수 있을까요?

익숙하지 않았던 것들과 부딪쳐 보는 것도 한 방법일 수 있습니다. 니체도 익숙하지 않은 낯선 것들과 자꾸 부딪쳐 볼 것을 권합니다. 마치 의사가 환자를 이해할 필요가 있을 때 환자가 전혀 상상하지 못한 질문을 하고 그 질문에 답하는 과정에서 환자 자신도 전혀 깨닫지 못했던 자신의 모습을 드러내게 되듯이 말입니다. 이처럼 자신을 의사이면서 환자처럼 대했다고 니체는 『인간적인 너무나 인간적인』Ⅱ권 서문에서 말합니다.

마치 의사가 환자에게 그 전체의
과거, 그의 근심, 친구, 소식, 의무,
어리석음, 추억의 고통을 제거할 목적으로,
그리고 손이며 다른 감각 기관들이 새로운 양식,

새로운 태양, 새로운 미래를 향해 뻗을 수 있도록 환자를 아주 낯선 환경에 처하도록 하는 것과 마찬가지로, 의사이면서 환자인 나는 그렇게 했던 것이다.

낯선 것들 속에서만이 우리는 익숙해 있던 주류적인 가치에서 벗어나 자신에게 좋은 것이 무엇인지를 낚아채고 그것을 사유하고 실현해 갈 수 있다고 니체는 말합니다. 좀 무식하게 들릴 수도 있겠지만, 이것저것 자꾸 해 보는 수밖에 달리 좋은 방법이 없다는 거죠.

세상에는 자신이 아직 해 보지 않은 일들이 많습니다. 해 보지 않고서 자신이 그 일을 원하는지 원하지 않는지 안다고 할 수는 없습니다. 낯선 것과 직접 부딪쳐 보면서 그 과정에서 만나게 될 두려움과 고통 그리고 지루함과 맞닥뜨려 보아야 하고, 그런 것들을 넘어선 지점까지 가 봐야만 합니다. 그래야 자신에게 좋고 자신이 원하는 것을 찾아낼 수 있습니다.

시나리오 작가의 삶을 살다가 배우가 된 친구가 있습니다. 그는 국문학 전공자로서 대학 다닐 때부터 글 쓰는 것을 업으로 삼는 그런 삶을 원했고, 졸업 후에 시나리오 작가가 되었습니다. 그런데 어느 날 평소 알고 지내던 영화감독이 그에게 역을 하나 맡아서 해 보지 않겠느냐는 제안을 했습니다. 그 친구는 처음 제안을 받았을 때 거절했습니다. 자신은 작가로서의 삶을 원했지 연기자로서의 삶을 원한 적도 없거니와 자신이 연기에 자질이 있다고 생각하지도 않았고, 더군다나 제안받은 역이 하필 사이코 역이었기 때문에 바로 거절했습니다. 그런데 감독이 몇 번 더 제안을 하자 문득 이런 의문이 들더랍니다. '연기를 한 번도 안 해 봤으면서 어떻게 내가 연기를 원하지 않는다고 또 연기에 자질이 없다고 단정할 수 있는 걸까.' 그래서 그는 자기 앞에 '주어진' 낯선 상황에 기꺼이 자신을 맡겼고, 그의 연기자로서의 삶은 시작되었습니다.

지금은 중견 배우인 그가 가끔씩 이런 말을 합니다. 자기에게 닥쳐온 낯선 상황에 수동적으로 '끌려가 주는 것'도 능력이라고, 현실에서는 결코 살아 볼 수 없는 삶을 영화에서 철저히 살아 낼 수 있는 기회가 있다는 게 늘 감사하다고, 배역 하나를 끝낸 후 극중 인물의 인격과 삶에서 쉽게 빠져나오지 못하는 자신을 보면서 자신의 연기 재능에 스스로 감탄한다고 말입니다. 만일 배우 제안을 받았던 당시 그가 낯선 것과 맞닥뜨리려 하지 않았다면 그는 자기가 진짜 원하는 것이 무엇인지도 모르는 채 평생을 살았을지도 모릅니다.

기쁨은 능력을 기른다

그런데 자신에게 가치 있는 것이 무엇인지 '안다'는 사실 자체가 가치 있는 것을 추구하면서 살 수 있는 '능력'까지 보장해 주는 것은 아닙니다. 시나리오 작가로 살던 사람이 연기자로 산다는 것은 그가 연기자로서의 능력을 갖추고 있다는 뜻을 포함하고 있습니다. 당연한 말처럼 들리겠지만, 그가 연기 능력을 갖추지 못했다면 연기자로 살아가기 어려울 것이고 설령 그가 연기자로 살기를 원한다 하더라도 자신의 욕망에 따라 살기는 어렵습니다.

그의 삶을 놓고 우리는 두 가지 질문을 던질 수 있습니다. 첫째, '그의 삶은 어디를 향해 있는가?'라는 삶의 방향에 관한 질문입니다. 둘째, 그의 삶을 원하는 방향대로 끌고 갈 수 있는 능력에 관한 질문입니다. 앞서의 배우 친구는 두 질문 모두에 '예'라고 답할 수 있습니다. 그의 삶은 연기자로서의 삶으로 '방향' 지워져 있고, 또한 그 방향대로 살아갈 수 있는 '능력' 역시 갖추고 있기 때문입니다.

그래서 니체는 욕망은 두 요소로 이루어져 있다고 말합니다. 삶의 특정한 방향이라는 요소와 삶을 그 방향으로 끌고 갈 수 있는 능력이라는 요소가 그것입니다. 니체는 특정한 방향을 '의지'라는 개념으로, 능력을 '힘 혹은 권력'이라는 개념으로 표현합니다. 앞의 내용을 니체식 용어로 이렇게 말할 수 있습니다. 욕망은 '의지'와 '힘 혹은 권력'이라는 두 요소로 이루어져 있고, 이 두 요소가 짝이 되어 움직일 때 욕망에 따른 삶이라고 말할 수 있다고 말입니다.

니체의 용어라기보다는 니체 사상을 한국에 들여온 번역자의 용어라고 표현하는 것이 맞을 텐데요, 저 역시 다수가 합의한 용어대로 이제부터는 욕망의 방향은 '의지'라는 용어로, 욕망의 능력은 '힘 혹은 권력'이라는 용어로 바꾸어 사용하겠습니다. 그런데 니체는 왜 욕망이란 개념을 다시 두 용어로 세분한 걸까요?

유럽으로 배낭여행을 가고 싶은데 돈이 없는 경우 어떻게 하는 것이 배낭여행을 갈 수 있는 현실적 방법일까요? 배낭여행을 원한다고 아무리 외쳐 봐야 소용없습니다. 어떻게든 배낭여행에 필요한 돈을 마련하는 데 집중하는 것이 배낭여행을 갈 수 있는 현실적인 방법입니다. 여행에 대한 의지는 있는데 그 의지대로 삶을 이끌 돈이라는 능력이 없는 거죠. 능력이 없으면 의지가 현실화되지 못합니다.

이처럼 의지는 있는데 그 의지를 실현할 능력이 없는 경우를 주변에서 종종 봅니다. 앞에서 니체는 생산의 관점에서 욕망을 바라본다고 했지요? 그에게 욕망한다는 것은 이전에는 없었던 새로운 어떤 것을 원하는 것이란 뜻입니다. 그런데 이전에는 없었던 새로운 것을 욕망하는 것은 욕망 실현의 '능력'이 처음부터 있는 경우는 드뭅니다. 의지는 있는데 능력이 없는 경우 어떻게 해야 할까요? 이 질문에 대해 니체는 능력과 의지라는 욕망의 두 요소로 답변을 합니다.

욕망, 고전으로 생각하다

니체에 따르면 의지는 있는데 능력이 없는 경우에도 그 의지가 강하다면 욕망에 따른 삶은 가능합니다. '능력'을 기르는 것 자체에 의지를 집중하면 되니까요. 예를 들어 한 친구가 길거리에서 인라인스케이트를 타는 사람들을 보고 자신도 타고 싶어 한다고 해 봅시다. 한 번도 타 본 적이 없기 때문에 당연히 인라인스케이트를 탈 수 있는 능력은 없습니다. 인라인스케이트를 타려는 의지는 있는데 탈 수 있는 능력이 없으니 그에게 인라인스케이트를 타는 삶이란 가능하지 않은 걸까요? 아닙니다. 인라인스케이트를 타는 기술을 익히고 연습하여 '타는 능력'을 기르는 데 의지를 집중하면 됩니다. 그렇게 해서 타는 능력이 길러지면 그는 인라인스케이트를 타는 삶을 누리게 되겠지요.

이처럼 의지는 있는데 능력이 없는 경우 능력 자체를 기르는 데 의지를 집중하는 것을 니체는 '힘에의 의지'라고 부릅니다. 힘, 다시 말해 능력을 기르는 것 자체에 의지를 집중한다고 해서 붙여진 이름입니다. 탁구를 치고 싶은데 칠 능력이 없을 때 기초부터 배우고 익히는 데에 노력을 쏟는 것을 '힘에의 의지'라고 부르는 거죠. 어디 탁구뿐이겠습니까. 수영, 그림, 수학 공부나 영어 공부 등등 모든 경우가 마찬가지일 겁니다. 하고 싶은 의지는 있는데 처음 하는 것이어서 의지를 실현할 능력이 없을 경우 우리는 기초부터 꾸준히 배우는 것에 힘을 쏟지요. 자기를 실현할 수 있는 능력을 만드는 것에 의지를 쏟는 것, 이것이 바로 힘에의 의지입니다.

　힘에의 의지를 통해 능력이 길러지는 과정을 정리해 보겠습니다. 다시 탁구의 예를 들어 보죠. 탁구를 처음 배울 때 저는 상대방의 공조차 제대로 받지 못했습니다. 그러다가 차츰 공을 주고받는 횟수가 많아지니 기쁘더라고요. 탁구 치는 능력이 조금 길러진 것이 기쁨을 주는 거죠. 그런데 이 기쁨을 얻자 다시 능력을 좀 더 기르고 싶은 의지가 생겨났습니다. 포핸드만 하다가 백핸드까지 하게 될 정도로 능력이 길러지니 다시 또 기쁨을 느끼고, 기쁨을 느끼자 더 큰 능력을 기르고 싶은 의지가 생기고, 이런 식으로 능력이 길러지는 것과 그것을 통해 기쁨을 느끼는 과정이 반복되었습니다. 그러다가 어느 순간 저는 탁구를 치는 삶을 저의 삶으로 누리게 되었습니다. 이와 같이 욕망에 따른 삶은 능력의 커짐과 그로 인한 기쁨의 순환 과정을 통해 가능하게 됩니다.

　그런데 만일 처음에 능력이 그다지 커지지 못했다면 어떻게 될까요? 기쁨을 느끼지 못하고, 그래서 능력을 기르겠다는 의지를 다시 갖지 않게 될 수 있죠. 결국 힘에의 의지는 멈추어야 하는 걸까요? 그렇지 않습니다. 처음 힘을 기르는 데 실패했더라도 그 실패 속에서 능력이 커질 수 있는 가능성을 발견하고 실패 속에서 성공의 가능성을 찾아낸다면 순환 과정은 결코 중단되지 않습니다.

　사실 첫 번째 시도를 통해 바로 능력이 길러지고 기쁨을 맛보

는 경우는 오히려 드뭅니다. 타고난 자질이 있지 않다면요. 제가
탁구를 처음 배울 때 그랬거든요. 운동신경이 그리 좋지 않아서
상대방과 공을 주거니 받거니 하기까지도 꽤나 오랜 시간이 걸렸
습니다. 그러나 저는 처음에 실력이 늘지 않았다고 해서 주저앉
지 않았습니다. 라켓과 공에 대한 감각을 얻기 위해 연습을 많이
했고, 거울을 보고 폼 연습도 하고, 잘 치는 사람의 폼과 제 폼이
어떻게 다른지 비교 분석 하기도 했고, 탁구 교본을 사서 뒤적거
리면서 무엇이 문제인지 알아내려고 했습니다. 저의 경우, 비록
첫 번째 시도에서 바로 능력이 길러지지 않았지만, 그 실패 속에
서 능력이 길러질 수 있는 가능성을 발견하려고 했고, 결국 '능력
의 커짐과 기쁨의 순환 과정'이 계속되었던 거죠. 지금은 탁구 치
고 싶을 때면 언제나 탁구를 즐길 수 있을 정도의 수준이 되었습
니다.

자기와의 전쟁

그런데 욕망에 따라 살아가기 위해서 요구되는 것이 있습니다. 첫째로, 사회를 지배하고 있는 가치나 정서들과 맞설 수 있어야 합니다. 니체는 지금까지 우리의 판단 기준이 되어 온 지배적인 가치와 정서에 항거하여 전쟁을 벌여야 한다고 선동(?)합니다. 자기 자신 안에 있는 지배적 정서와 가치를 공격하여 억눌려 있던 다른 정서와 가치를 부추기라고 합니다. 자신 안에 '지배적인 정서에 물들어 있는 나'가 아닌 '새로운 가치와 정서를 추구하는 또 다른 나'들을 나서게 만들라고 합니다.

둘째로, 자기에 대한 오만, 연민, 집착 등을 버려야 합니다. 네 까짓 게 해 봤자지, 혹은 네가 하는 일이 다 그렇지 뭐, 하면서 상대방을 무시하고 자신이 우월함을 내세우는 태도를 오만하다고 하지요? 우월 의식을 갖고 있는 사람이 새로운 어떤 것을 욕망하면서 새로운 자기를 창조하기는 어렵습니다. 지금의 자기가 최고로 좋은데 진짜 자기에게 좋은 것이 무엇인지 고민할 이유도 없고, 굳이 다른 모습이나 다른 삶으로 변화하고 싶을 리도 없기 때문이죠. 그래서 니체는 오만을 경계합니다. 자기 극복을 통해 새로운 자기를 창조하는 것을 가로막는 장애물이 있다면 그것은 바로 오만이라고 말합니다. 오만 때문에 지금과는 다른 존재로의 변신을 원하지 않고, 바로 그 오만 때문에 새로운 모습으로의 변신을 낳는 자가 아니라 현재의 고정된 모습 그대로 위대한 자로 평가받고 싶어 하는 거라고 니체는 말합니다. 오만이 '자뻑' 속에 현재의 자기를 고집하는 것이라면, 자기 연민과 집착은 '값싼 자기 동정' 속에 현재의 자기를 고집하는 것입니다. 자신이 너무 안쓰럽고 사랑스러워서 현재의 모습을 감싸 안고 거기에 안주하고 싶어 하는 거죠. 그래서 니체는 연민과 집착도 경계해야 한다고 말합니다.

셋째로, 습관을 버려야 합니다. 니체에 따르면 욕망에 따른 삶은 지금까지의 자기를 죽이고 새로운 자기를 창조하는 것입니다. '자기를 죽인다.'는 말은 흔히 말하는 '목숨을 끊는다.'는 뜻의 '생물학적 자살'을 말하는 것이 아닙니다. 자기를 죽이는 것은 새로운 자기를 창조하기 위해서인데, 목숨이 끊어져 버리면 새로운 것을 창조하는 것은 불가능한 일이 되고 말겠죠. 그렇다면 자기를 죽인다는 것은 무엇을 죽인다는 말일까요? 새로운 자기 창조를 가로막고 있는 것을 없애야 한다는 뜻입니다. 그래야 창조가 가능하게 되는 것이니까요. 새로운 자기 창조 혹은 자기 변신을

가로막는 가장 큰
장애물은 바로
습관입니다.

김유신이 말의 목을 벤 일화가 있습니다.
김유신은 젊었을 때 술집을 자주 들락거렸습니다.
어느 날 어머니에게 호되게 혼난 후, 다시는 술집에
가지 않겠노라고 결심을 합니다. 그러던 어느 날, 말 위에서
졸았는지 아니면 어떤 생각에 깊이 빠졌는지, 아무튼 김유신
이 정신을 차려 보니 그가 늘 다니던 술집 대문 앞에 자신이
서 있음을 발견합니다. 말이 늘 하던 대로 주인님을 술집으로
모신 거죠. 상황을 파악한 김유신은 그 자리에서 바로 말의 목을
베어 버립니다. 김유신이 말을 벤 것은 바로 자신의 습관을 벤 것
입니다. 이렇듯 새로운 무언가를 도모하기 위해서는 지금까지의
습관을 버려야만 합니다.

조안 러프가든의 삶도 익숙한 것을 버림으로써 새로운 시각을
얻고 새로운 삶을 시작할 수 있음을 잘 보여 줍니다. 그는 미국
스탠퍼드 대학교의 생물학 교수였습니다. 게이 퍼레이드에 참석
한 것을 계기로 성전환을 고민하게 되었고, 결국 수술 중에 죽을
수도 있는 생물학적 위험과 대학교수직에서 쫓겨날 수도 있는 사
회적 위험을 감수하면서 성전환을 하게 됩니다. 그런데 익숙한
성을 버렸더니, 이성애와는 다른, 전에는 보지 못했던 다양한 형

태의 성적 관계들이 새롭게 그의 눈에 들어왔습니다. 동성애, 양성애, 복수의 암수가 함께 사는 다자성애 등등의 존재를 발견하게 된 거죠. 익숙한 것을 버림으로써 새로 보게 된 것들을 담은 책이 『진화의 무지개』라는 책입니다.

조안 러프가든은 자기에게 좋은 것을 추구하는 과정에서 '대학교수직에서 쫓겨날지도 모를 위험'을 감수해야 했습니다. 그가 찾은 '자기에게 좋은 것'은 사회에서 용인하는 것과는 다른 가치였기 때문입니다. 다행히 그는 대학교수직에서 쫓겨나지 않았지요. 대부분은 여론이나 교육상의 이유, 사회적 의식의 미성숙 등의 이유로 일터에서 쫓겨납니다. 여론, 교육, 사회적 의식이나 문화 수준에는 '지배적 가치'가 반영되어 있지요. 그래서 '자기에게 좋은 것'을 찾아 그에 따라 살아갈 때면 '먹고사는 문제'를 고민할 수밖에 없습니다.

생계 문제는 욕망에 따른 삶을 살고자 할 때 맞닥뜨릴 수 있는 현실적인 문제입니다. 생계 문제는 자기 욕망에 따라 살려는 자가 '반드시' 고민하고 해결해야 하는 문제입니다. 자본주의 사회에서는 돈이 가장 중요한 가치로 여겨집니다. 지배적인 가치이지요. 만약 돈의 가치를 완전히 무시한다면 자칫 굶어 죽을지도 모릅니다. 자기의 욕망대로 살기 이전에 우선 목숨은 부지하고 있어야 하겠지요? 그렇다면 돈의 가치를 무시하지 않으면서도 자기 욕망에 따라 사는 방법은 없을까요?

음악을 하는 친구가 있습니다. 그는 학원에서 강의를 하면서 최소한의 생활비를 벌고 그 이외의 시간에는 자기가 하고 싶어 하는 음악 공부와 공연을 합니다. 소설『변신』의 작가 프란츠 카프카도 마찬가지의 삶을 살았습니다. 생존을 위해서 보험회사의 직원이 되어 일을 하면서도 정말 하고 싶었던 창작 활동을 포기하지 않고 계속했지요.

음악을 하는 친구와 카프카, 이들도 다른 사람들처럼 돈을 벌고 또 돈을 씁니다. 그러나 이들이 돈과 맺는 관계는, 다른 사람들이 돈과 맺는 관계와 전혀 성격이 다릅니다. 이들은 자기의 욕망대로 살기 위해 돈을 벌고 자기의 욕망대로 살기 위해 돈을 씁니다. 이때 돈은 자신이 하고 싶은 것을 하게 해 주는 자원일 뿐입니다. 이들은 자기의 욕망을 위해 돈을 '부리며 사는 사람'이라고 말할 수 있습니다. 돈은 이들에게 부림을 받는 것에 불과합니다.

반면 '돈을 더 벌고 싶어서' 돈을 벌고 쓰는 사람들이 있습니다. 이들에게 욕망은 돈을 많이 버는 것 그 자체입니다. 그들은 돈을 쓸 때조차도 더 많은 돈을 벌기 위해 씁니다. 주식 투자를 떠올리면 이 말이 쉽게 이해될 수 있을 겁니다. 그들은 자기의 욕망이 아니라 자본의 욕망에 따라 돈을 사용하는 것이지요. 더 많은 이윤을 낳게 하는 것, 이것은 자본의 욕망이잖아요? 그들은 자본의 욕망 실현의 대리인들에 불과합니다. 이때 '부리는 자'는 바로 '돈'이고, 그들은 돈의 부림을 받는 존재들일 뿐입니다.

욕망에 따라 사는 사람은 어떤 품성을 갖게 될까요? 욕망에 따라 사는 사람은 자기에게 좋은 가치가 무엇인지를 생각하고 그것을 추구하면서 삽니다. 타인이 나를 인정해 주느냐의 여부에 상관없이, 자신이 만들고 자신이 선택한 가치에 따라 자신의 삶을 살아갑니다. 자기가 자기 인생의 주인인 삶을 살고 있는 거죠. 그래서 이들은 자긍심이 대단한 사람들입니다.

니체는 '좋음'이란 것은 자긍심이라는 말과 밀접히 연관된 말이라고 주장합니다. '좋음'은 누구에게 좋은 것인가의 관점에서 볼 때 '다른 사람에게서 찾은' 좋음이 아니라 바로 '자기 자신에게서 찾은' 좋음을 의미하는 것이기 때문입니다. 자긍심은 자기 것에 대한 자부심이 대단하다는 뜻인데, 좋음은 이런 의미의 자긍심을 이미 함축하고 있는 거죠. 이렇게 '좋음'이라는 판단이 '좋음을 받는 사람들', 즉 다른 사람들로부터가 아니라 '좋은 사람들' 자신으로부터 유래된 것임을 니체는 『도덕의 계보』에서 이렇게 말합니다.

'좋음'이라는 판단은 '좋은 것'을 받았다고 표명하는 사람들의 입장에서 나오는 것은 아니다. 오히려 그것은 '좋은 인간들' 자신에게 있었던 것이다. 즉 저급한 모든 사람, 저급한 뜻을 지니고 있는 사람, 비속한 사람, 천민적인 사람들에 대비해서, 자기 자신과 자신의 행위를 좋다고, 즉 제일급으로 느끼고 평가하는 고귀한 사람, 강한 사람, 드높은 사람들, 높은 뜻을 지닌 사람들에 있었던 것이다.

'좋음'은 다른 누구도 아닌 '자기'에게서 나온 것이고, 이렇게 자기의 삶에서 좋음을 발견하고 그것을 추구하는 사람을 니체는 '강자'라고 부릅니다. 니체에게 강자는 힘센 사람 혹은 정치권력이나 돈을 많이 갖고 있는 사람이 아니라, 자기를 좋아하고 자신에게 좋은 것을 욕망하면서 사는 사람을 말합니다.

자긍심과 자주 혼동하는 말로 '자존심'이 있습니다. 자긍심은 자존심과 다른 말입니다. 남들로부터 인정받으려는 욕망에서 생겨난 것이 자존심이라면, 자기의 욕망을 기준으로 생각하고 행동하는 것이 자긍심입니다. 자긍심이 있으면 남들의 시선이 아니라 자신의 시선으로, 남들의 기준이 아니라 자기 스스로 세운 척도에 의해 판단합니다. 다른 사람들이 말하는 좋음이 아니라 자기에게 좋은 것을 찾아내서 추구하는 자는 자긍심이 대단한 자입니다.

얼핏 보기에 욕망에 따라 사는 사람은 남의 말은 전혀 듣지 않고 자기 마음대로 자기 하고 싶은 대로만 하는 독단적인 모습으로 보일 수 있습니다. 그러나 욕망에 따라 사는 사람은 독단적인 사람과 전혀 다릅니다. 욕망에 따라 사는 사람은 낯선 것과의 만남을 통해 기존의 자기를 극복하고 새로운 자기로 나아가려 합니다. 이에 반해 독단적인 사람은 낯선 것을 배격하면서 이미 결정된 것이 변하는 것을 경계합니다. 낯선 사유, 낯선 상황, 낯선 세계, 이런 것들과 자신을 부딪치게 하는 중요한 계기 중의 하나가 바로 친구라고 니체는 말합니다. '끼리끼리 논다.'는 말도 있듯이 보통 친구라고 하면 죽이 잘 맞을 정도로 비슷한 사람을 떠올리게 됩니다. 그런데 니체가 말하는 친구는 그런 의미의 친구가 아닙니다. 야전침대처럼 불편함을 주는 존재가 친구라고 니체는 말

합니다. 낯선 것, 즉 익숙하지 않은 것에 맞닥뜨렸을 때 느끼는 불편함을 주는 존재가 바로 친구입니다. 불편함을 느낀다는 것은 지금까지 익숙했던 것과는 다른 무언가를 느끼고 있다는 말일 텐데요, 이때 그것을 외면하지 않고 오히려 그 불편한 상황을 이해하려고 노력하다 보면 이전에는 알지 못했던 자기의 다른 모습을 발견할 수도 있고 또 이전과는 다른 감각을 얻게 될 수도 있습니

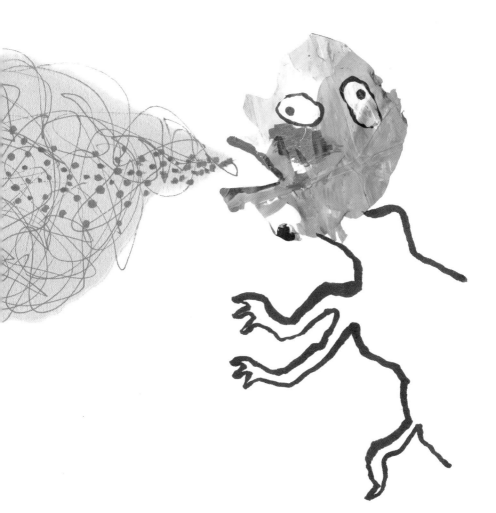

다. 이렇듯 니체에게 친구란 죽이 잘 맞아서 놀기에 좋은 존재가 아니라 자신의 사유와 감각, 생활을 좀 더 넓어지게 하는 계기가 되어 주는 존재입니다. 그래서 니체는 욕망에 따라 사는 자는 늘 친구를 찾아 나섰다고 말합니다. 친구는 끊임없이 자기를 변신시킬 계기가 되어 주는 사람이니까요. 니체는 『차라투스트라는 이렇게 말했다』 서문에서 이렇게 말합니다.

> 창조하는 자가 찾고 있는 것은 친구다. 무리나 추종자가 아니다. 창조하는 자는 더불어 창조할 자, 새로운 가치를 새로운 판에 써넣을 친구를 찾는다.

자기 변신과 새로운 가치의 창조 활동에 '친구'가 필요한 이유는 혼자서는 자기의 편견과 습관에서 벗어나기 힘들기 때문입니다. 혼자의 힘만으로는 통념과는 '다른' 생각을 하고 남들이 아닌 자기에게 좋은 '다른' 가치를 창조하는 것이 쉽지는 않습니다.

마당 밖을 향한 한 걸음

아무런 생각 없이 옳겠지 하면서 추구하는 가치들, 선하다고 생각하는 것들, 이와 밀접히 관련된 도덕이란 것들에 대해 니체는 다음과 같은 질문을 던졌습니다. 그것들 자체가 가치가 있다면 어떤 가치인가, 나 자신에게 가치가 있는 것인가 아니면 다른 누구에게 가치가 있는 것인가, 그것들에는 삶의 충만함이 깃들어 있는가.

니체에 따르면 도덕적 편견을 걷어 내고 그 편견에 가려져 있던 '자신에게 가치 있는 것'을 발견하고 욕망하는 삶이 진정 삶을 사랑하는 것이고 인생의 주인으로서의 삶입니다. 니체에게 욕망에 따른 삶이란 바로 그 누구도 아닌 '자신에게 가치 있는 것을 추구하는 삶'입니다.

니체는 욕망에 따른 삶을 가능하게 하는 요소로서 의지와 능력을 제시합니다. 그중 의지는 '자신에게 가치 있는 것이 무엇인지를 알고 그것을 추구하려는 것'으로서, 그것이 진정 내가 추구하고자 하는 가치인지를 확인하기 위해서 두 번의 물음을 던져야 한다고 했습니다. '자기에게 좋다고 판단해서 원하는 것인가'라는 물음과 '원하는 대로 살았을 때의 결과를 받아들일 수 있는가'라는 물음.

또한 원하는 것을 향해 삶을 끌고 갈 능력이 아직 없을 때는 능력 자체를 기르는 데 의지를 집중해야 한다고 했었죠. 그리고 욕망에 따른 삶을 방해하는 습관이나 오만, 사회의 지배적 가치와 정서 등을 극복해야 한다고도 했습니다. 이러한 과정을 겪으면서 누리게 되는 삶이 주인으로서 사는 삶이며 자긍심을 느끼는 삶이라고 했습니다.

자기에게 가치 있는 것을 추구하면서 사는 삶, 즉 욕망에 따른 삶의 과정에서 사람들은 여러 가지 서로 다른 어려움들을 만날 수 있습니다. 어떤 이는 '자기에게 가치 있는 것이 무엇인지 알아내는 과정'에서 어려움을 겪을 수 있습니다. 또 어떤 이는 삶의 '능력'을 기르는 데서 어려움을 겪을 수 있습니다. 잎싹처럼 사회의 지배적 가치와 정서를 극복하는 데서 어려움을 느끼는 경우도 있을 겁니다.

자신의 욕망을 위해 마당을 나오는 잎싹에게 마당의 평온한 삶에 익숙한 문지기 개가 이렇게 말합니다. "내가 문지기로 살아야 하고 수탉이 아침을 알리는 게 당연한 것처럼 너는 본래 닭장에서 알을 낳게 되어 있는 거야. 마당이 아니라 바로 닭장에서! 그게 바로 규칙이라고." 물론 잎싹은 이러한 '통념의 마당'을 뚫고 밖으로 나와 자기에게 좋은 것을 추구하면서 살았습니다.

여러분의 마당에는 어떤 어려움이 놓여 있나요? 삶을 진정으로 사랑하기 위해, 그리하여 삶의 주인이 되기 위해 마당 밖을 향해 한 걸음 내딛어 보면 어떨까요?

● 더 읽을거리와 볼거리

1 욕망에서 자유로워야 고통에서 벗어날까?

● 마스타니 후미오 지음, 이원섭 옮김, 『아함경』, 현암사, 2001

『아함경』에 대해서 이렇게 간략하고 명쾌하게 설명한 책은 아직 나오지 않은 것 같습니다. 저자의 관점이 개인 수행의 중요성에 치우쳐 있는 것이 단점이긴 하지만, 방대한 경전 전체를 읽기 버거운 분들에게 이 책은 훌륭한 가이드가 될 것입니다.

● 법륜 지음, 『인간 붓다, 그 위대한 삶과 사상』, 정토출판, 2010

불교 사상을 일상과 사회 속에서 실천하고 계신 법륜 스님의 스테디셀러입니다. 불교가 발생할 당시의 인도 사회에 대한 설명에서부터 불교 교리의 핵심에 이르기까지 쉽게 풀어 설명했습니다. 교리 설명에만 갇혀 사회적 맥락을 놓치기 쉬운 다른 책들과는 차별되는 점이 있지요. 불교 사상에 입문하는 여러분에게 일독을 권합니다.

● EBS 다큐멘터리, 「깨달음을 얻은 자, 붓다」, 2010

붓다의 생애와 가르침을 인도 현지 영상과 여러 불교학자들의 인터뷰로 쉽게 해설해 줍니다. 특히 불교의 가르침이 금욕주의라는 잘못된 편견을 교정하고 있어서 매우 유익합니다. 저 높이 있는 신성한 존재로서의 붓다가 아니라 인간으로서 최고의 경지에 오른 자로서의 붓다를 강조하는 다큐멘터리입니다.

2 욕망, 그것은 모든 죄악의 근원일까?

● 피터 브라운 지음, 정기문 옮김. 『아우구스티누스』, 새물결, 2012

아우구스티누스에 대한 전기로는 가장 정평이 난 책입니다. 다소 분량이 많기는 하지만 아우구스티누스의 사상이 그의 생애와 시대적 배경 속에서 어떻게 나올 수 있었는지 풍부한 사료와 함께 다각도로 살펴볼 수 있습니다.

● 핸리 채드윅 지음, 김승철 옮김, 「아우구스티누스」, 시공사, 2001
아우구스티누스의 사상을 압축적으로 제시한 책입니다. 아우구스티누스의 주요 저서들의 내용과 함께 악과 자유의지, 신앙과 이성, 삼위일체 등 교리적인 쟁점들을 친절하게 소개하고 있습니다.

● 게리 윌스 지음, 안인희 옮김, 「성 아우구스티누스」, 푸른숲, 2005
아우구스티누스의 삶과 사상에 대해 시대적 흐름에 따라 입체적으로 재구성하여 묘사한 책입니다. 아우구스티누스가 지닌 문제의식을 당시의 시대상에 비추어 되짚어 가고 있으며, 아우구스티누스 사상이 지닌 의의를 역사적인 맥락에서 제시하고 있습니다.

3 욕망을 긍정하는 윤리학, 어떻게 가능한가?

● 스티븐 내들러 지음, 이혁주 옮김, 「에티카를 읽는다」, 그린비, 2013
『에티카』를 처음 읽는 사람에게 매우 친절하고도 충실한 해설서가 되는 책입니다. 스피노자의 생애에서부터 『에티카』의 체계, 방법, 개념, 내용 등을 상세하게 서술하고 있는 것이 이 책의 장점입니다.

● 매튜 스튜어트 지음, 석기용 옮김, 「스피노자는 왜 라이프니츠를 몰래 만났나」 교양인, 2011
라이프니츠와의 만남을 소재로 스피노자의 생애와 문제의식에 대해 마치 역사소설처럼 흥미진진하게 읽을 수 있도록 쓰인 책입니다. 스피노자가 당대의 시대적 상황에서 어떠한 긴장과 대결 가운데 자신의 문제의식을 전개해 나갔는지 잘 보여 주고 있습니다.

● 질 들뢰즈 지음, 박기순 옮김, 「스피노자의 철학」, 민음사, 2001
스피노자의 삶과 철학, 그의 이론들이 갖는 의미에 대해 간결하고도 명쾌하게 잘 정리하고 있습니다. 무엇보다도 스피노자의 주요 개념들에 대한 색인은 매우 유용합니다. 스피노자를 본격적으로 공부하려는 사람이라면 반드시 읽어야 할 필독서입니다.

4 나의 진짜 욕망을 알 수 있을까?

● **지그문트 프로이트 지음, 박성수 · 한승완 옮김 「정신분석학 개요」, 열린책들, 2004**

이 책에 수록된 '나의 이력서'라는 글은 제목에서도 알 수 있듯 말년의 프로이트가 자신의 생애에 대하여 쓴 글입니다. 여기서 프로이트는 성장 과정부터 자신이 의학의 길을 걷게 된 이유, 어떤 사람들과 교류하며 자신만의 독특한 문제의식을 심화시켰는지에 대해 흥미롭게 전개하고 있습니다. 프로이트의 생애를 따라가며 프로이트와 친해질 수 있는 계기가 될 것입니다.

● **지그문트 프로이트 지음, 김정일 옮김, 「성욕에 관한 세 편의 에세이」, 열린책들, 2004**

1905년에 발표된 이 책에는 '유아 성욕'에 관한 프로이트의 이론적 고찰이 담겨져 있습니다. 제목부터 흥미롭지요? 당시 그 주제의 파격성으로 인해 학계의 무수한 질타의 영광을 프로이트에게 안겨 준 책이기도 합니다.

● **지그문트 프로이트 지음, 김인순 옮김, 「꿈의 해석」, 열린책들, 2004**

방대한 분량을 자랑하는 이 책은 1900년에 발표된 것으로 욕망과 억압의 관계를 무엇보다 잘 보여 주는 책입니다. 그리고 무엇보다도 정신분석을 보편적인 인간에 대한 학문으로 끌어올리는 데 기여한 중요한 저작이기도 하지요. 물론 술술 읽히는 책은 아닙니다. 그래도 『꿈의 해석』을 잘 소화하고 나면 이후 프로이트의 사유를 따라가는 길이 그리 험난하지만은 않다는 점에서 꼭 넘어야 하는 산이지요.

● **지그문트 프로이트 지음, 정장진 옮김, 「예술, 문학, 정신분석」, 열린책들, 2004**

이 책에는 여러분들이 잘 아는 레오나르도 다빈치라든지 괴테와 같은 유명인들의 생애나 작품 활동을 정신분석한 내용이 담겨 있어 흥미를 돋웁니다. 그들의 일화와 프로이트의 분석을 통해 '승화'의 다양한 양상을 사례로 접할 수 있다는 점이 장점이지요. 게다가 소설, 미술 작품 등 예술 작품들에 대한 분석 또한 담겨 있어 예술을 보는 새로운 눈을 기를 수 있다는 점 또한 매력적입니다.

5 나에게 좋은 것이 무엇인지 알아내는 방법이 있을까?

● **고병권 지음, 『철학자와 하녀』, 메디치미디어, 2014**

이 책은 일상에서 만나는 사건들을 통해 사회적 통념이 추방시킨 가치들을 발견하고 자기의 체험과 함께 그 가치들의 의미를 소개하고 있습니다. 욕망에 따른 삶을 살기 위한 첫 발걸음이 통념을 극복하는 것이라면 이 책은 여러분에게 '통념의 마당'을 벗어나게 해 주는 다리가 되어 줄 것입니다.

● **고명섭 지음, 『니체 극장』, 김영사, 2012**

800쪽에 달하는 책의 두께에 놀랄 수 있지만, 그보다 더 놀라운 것은 저자의 이해시키는 능력입니다. 니체의 저술들이 시간적 순서대로, 이해하기 쉽게 정리되어 있습니다. 니체의 삶과 사상, 그리고 저서들을 찾아보는 사전처럼 활용해도 좋을 것입니다.

● 인용문 출처

욕망에서 자유로워야 고통에서 벗어날까?
- 동국역경원, '동국대학교 한글 대장경'(http://abc.dongguk.edu/ebti/c2/sub1.jsp)(「잡아함경」 인용)
- 월포라 라후라 외 지음, 한길사 편집실 편역, 「현대사회와 불교」, 1981;1982(「율장」 인용)
- 전재성 옮김, 「숫타니파타」, 한국빠알리성전협회, 2005(「소부경전」 인용)

욕망, 그것은 모든 죄악의 근원일까?
- 어거스틴 지음, 선한용 옮김, 「성어거스틴의 고백록」, 대한기독교서회, 2003
- 아우구스티누스 지음, 최익철 옮김, 「요한 서간 강해」, 분도출판사, 2011

욕망을 긍정하는 윤리학, 어떻게 가능한가?
- 스피노자 지음, 강영계 옮김, 「에티카」, 서광사, 2007

나의 진짜 욕망을 알 수 있을까?
- 지그문트 프로이트 지음, 김인순 옮김, 「꿈의 해석」, 열린책들, 2004
- 지그문트 프로이트 지음, 김정일 옮김, 「성욕에 관한 세 편의 에세이」, 열린책들, 2004
- 지그문트 프로이트 지음, 정장진 옮김, 「예술, 문학, 정신분석」, 열린책들, 2004

나에게 좋은 것이 무엇인지 알아내는 방법이 있을까?
- 프리드리히 니체 지음, 김정현 옮김, 「선악의 저편 · 도덕의 계보」, 책세상, 2013
- 프리드리히 니체 지음, 김미기 옮김, 「인간적인 너무나 인간적인」, 책세상, 2002
- 프리드리히 니체 지음, 정동호 옮김, 「차라투스트라는 이렇게 말했다」, 책세상, 2014

「욕망에서 자유로워야 고통에서 벗어날까?」를 쓴 박준영 선생님은

불교 철학과 프랑스 철학을 전공하였으며, 현재는 들뢰즈와 리쾨르의 사상을 연구하고 있습니다. 수유너머N에서 주로 철학사와 철학 원전 세미나와 강좌를 하고 있습니다.

「욕망, 그것은 모든 죄악의 근원일까?」와 「욕망을 긍정하는 윤리학, 어떻게 가능한가?」를 쓴 손기태 선생님은

수유너머N 연구원으로 신학과 종교학을 공부하였으며, 현재 서울과학기술대학교 강사로 출강하고 있습니다. 최근에는 바울의 정치신학을 새롭게 조명하려는 현대철학의 시도에 주목하고 있습니다. 지은 책으로『고요한 폭풍, 스피노자』가 있으며, 수유너머의 동료들과『이것은 애니메이션이 아니다』,『불온한 인문학』등을 함께 썼습니다.

「나의 진짜 욕망을 알 수 있을까?」를 쓴 박임당 선생님은

대학에서는 심리학을 전공하였습니다. 우연히 수유너머N에 접속한 것을 계기로 인문학과 우리 주변에서 벌어지는 사회적인 문제들에 관심을 가지고 공부해 왔습니다. 최근에는 정신분석을 꾸준히 공부하며, 정신분석과 사회적 문제들이 어떻게 만날 수 있는지 고민하고 있습니다.

「나에게 좋은 것이 무엇인지 알아내는 방법이 있을까?」를 쓴 이미라 선생님은

배우기를 좋아하는 사람이 되고 싶어서 이제 막 배움 길에 들어선 사람입니다. '지름길은 가짜다, 30년 동안 병이 들었다면 30년을 치료에 쓸 생각을 하라.'는 니체의 말을 믿으며 주로 철학책을 읽고 있습니다.

● 주요 개념 찾아보기

그림을 그린 **김고은** 선생님은
서울에서 태어나 독일 부퍼탈 베르기슈 대학교에서 시각 디자인을 공부했습니다. 글을 쓰고 그림을 그린 책으로
『우리 가족 납치 사건』『눈행성』『조금은 이상한 여행』『딸꾹질』『일어날까, 말까?』가 있습니다. 『아큐정전, 어떻게
삶의 주인이 될 것인가』『말하는 일기장』『똥호박』『쥐와 게』『책 좀 빌려줘유』『공부의 신 마르크스, 돈을 연구하
다』 들에도 그림을 그렸습니다.

사진 제공 Wikimedia Commons

욕망, 고전으로 생각하다

2016년 3월 2일 제1판 1쇄 발행
2019년 2월 25일 제1판 2쇄 발행

지은이   수유너머N
그린이   김고은
펴낸이   김상미, 이재민

편집   김세희
디자인기획   민진기디자인

종이   다올페이퍼
인쇄   청아문화사
제본   광신제책

펴낸곳   너머학교
주소   서울시 종로구 자하문로24길 32-12 2층
전화   02)336-5131, 335-3366, 팩스 02)335-5848
등록번호   제313-2009-234호

너머북스와 너머학교는 좋은 서가와 학교를 꿈꾸는 출판사입니다.